TRUDE MARZIK

Die Zeit ändert viel

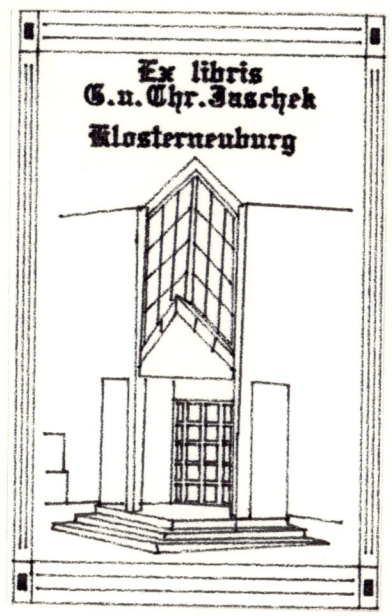

PAUL ZSOLNAY VERLAG
WIEN · HAMBURG

CIP-Kurztitelaufnahme der Deutschen Bibliothek
Marzik, Trude:
Die Zeit ändert viel / Trude Marzik. — Wien;
Hamburg: Zsolnay, 1983.
ISBN 3-552-03528-1

Die Zeit ändert viel

LOB DER KÜCHE

Das Wort „Küche" kommt von „kochen", die Küche ist daher ein Kochraum. Es mag schon stimmen — und ist doch falsch. Alle, die in kleinen Verhältnissen aufgewachsen sind, werden mir's bestätigen: die Küche kann viel mehr sein.

Die Küche war bei uns der wichtigste Teil der Wohnung: sie war Vorzimmer, Eßzimmer, Arbeitszimmer, Kinderzimmer und Badezimmer zugleich. In der Küche *lebten* wir; die anderen Räume, das Zimmer und das Kabinett, waren dem Schlafen und seltenen festlichen Gelegenheiten vorbehalten.

Unsere Küche war dank des Fensters zum Hof hell und freundlich. Leute mit Gangküchen hatten es nicht so gut, die mußten den ganzen Tag Licht brennen.

Das Zimmer wurde nicht täglich geheizt, das verbot die Sparsamkeit. Geschlafen wurde im Kalten. Wenn jemand von uns krank war, bekam er einen blechernen Thermophor ins Bett, der war körpergerecht gewölbt, hatte an der höchsten Stelle einen Schraubverschluß und mußte in Tücher gewickelt

werden, damit er einem nicht den Bauch verbrann-
te. Aufbewahrt wurde er im Nachtkästchen. Weil es
ja kein Klosett in der Wohnung gab, war in jedem
Nachtkastel auch ein Nachttopf zu finden, meist aus
weißem Porzellan. Daß die Sparsamkeit auch beim
Toilettepapier nicht haltmachte, versteht sich wohl
von selbst. Für diesen Zweck wurde die Tagespresse
einer sekundären Verwertung zugeführt, nachdem
man sie säuberlich zur entsprechenden Größe zer-
schnitten und im WC auf den dafür vorgesehenen
Nagel aufgespießt hatte.

Nur zu Weihnachten oder wenn Besuch angesagt
war, heizte man den Kachelofen. Unvorhergesehene
Besuche, meist Tanten und Onkel, die auf einen
Sprung vorbeikamen, weil sie gerade in der Nähe
waren, saßen dann eben in der Küche, was niemanden störte. Höchstens die Mutter, weil sie sich während des Plauderns nicht auf das Kochen konzen-
trieren konnte. Einmal hat sie sogar vergessen, den
Erdäpfelteig zu salzen — sie machte gerade Kirschenknödel —, und wenn sie auch versuchte, den
Fehler durch überstarkes Salzen des Kochwassers
auszugleichen, schmeckten die Knödel trotzdem
scheußlich. Das hat sie sich sehr zu Herzen genommen, hat noch viele Jahre später davon erzählt und
nach dieser Erfahrung unerwartete Besucher so
rasch wie möglich abzuwimmeln versucht, wenn sie
gerade beim Kochen war.

Die Küche war auch im Winter gemütlich warm. Das machte der Herd, der in der Ecke stand. Er hielt die Wärme noch lang, nachdem er „ausgegangen" war, das Wasserwandl spendete immer noch heißes Wasser, und die bewußten Kirschenknödel blieben im Backrohr so schön warm, daß wir, meine Mutter und ich, es manchmal riskieren konnten, ins Astoriakino nebenan zu gehen, weil für das Nachtmahl des Vaters bestens gesorgt war. Der fand dann beim Nachhausekommen auf dem Küchentisch einen Zettel vor: „Sind im Kino. Knödel stehen in der Röhrn."

Vorwiegend diente die Küche zum Kochen und den damit verbundenen Tätigkeiten. Der Herd wurde in der Früh angeheizt, das Brennmaterial, Holz, Kohle und alte Zeitungen, entnahm man der Kohlenkiste, der braungestrichenen, auf der meist ich meinen Sitzplatz hatte. (Die alte Kohlenkiste lebt heute noch. Ich habe sie, so gut es ging, vom Kohlenstaub gesäubert, mit Bauernblumen bemalt und zur Hausbar gemacht. Und wenn ich telefoniere, sitze ich wieder auf ihr.)

Der Tisch, bei den Mahlzeiten mit Wachstuch bedeckt — Stofftischtücher waren dem Zimmer und den festlichen Gelegenheiten vorbehalten — konnte aufgeklappt und als Nudelbrett verwendet werden. Auf ihm erzeugte die Mutter unzählige Mehlspeisen: Kirschen-, Marillen- und Zwetschkenknödel,

gewuzelte „danigrennte" Mohnnudeln aus Erdäpfelteig, den von meinem Vater als Suppeneinlage hoch-
geschätzten Lungenstrudel, hauchdünnen Strudel-
teig für mächtige Apfelstrudel, die so lang waren,
daß sie auf dem Backblech nur Platz fanden, wenn
man sie in S-Kurven anordnete, Nuß- und Mohn-
strudel aus Germteig, das Erdäpfelbrot zu Weihnachten nicht zu vergessen. Natürlich wurde auf
dem Nudelbrett auch Nudelteig zubereitet, der
dann, nachdem er auf dem Bett im Kabinett eine
Zeitlang übertrocknet war, auf dem Küchentisch zu
Suppennudeln, Bandnudeln oder Fleckerln geschnitten wurde. Teigwaren „fertig" zu kaufen, wäre damals niemandem eingefallen. Ob es heute noch
hausgemachte Nudeln gibt?

Auf dem Küchentisch habe ich meine ersten
Schulaufgaben gemacht, nach dem Essen, wenn die
Mutter schon mit dem Abwaschen beschäftigt war,
dort durfte ich auch meine Puppenstuben aufbauen,
und am Abend, nach dem Nachtmahl, hat mein Vater dort Zeitung gelesen, während die Mutter
Strümpfe stopfte oder eine Jacke strickte.

Für viele Sessel war nicht Platz, drei gab es, soviel
ich mich erinnern kann. Als zusätzliche Sitzgelegen-
heiten mußten im Bedarfsfall die Kohlenkiste und
die Wäschebank herhalten. Die Wäschebank war
ein Mittelding zwischen Bank und Kiste und von
vornherein dazu bestimmt, die Schmutzwäsche in

10

ihrem Inneren und einen Besucher auf ihrem Deckel aufzunehmen. Sie war, wie alle Küchenmöbel, weiß gestrichen, eine andere Farbe wäre damals für eine Küche nicht in Frage gekommen.

Über dem Tisch hing eine Zugpende mit grünem Glasschirm, sie brachte nicht nur Licht, sondern auch etwas Farbe in das weiße Kücheneinerlei. Bevor das elektrische Licht aufkam, sorgte eine Petroleumlampe für Beleuchtung. Sie wurde viele Jahre hindurch in der Tiefe der Kredenz aufbewahrt, und das war gut so, denn im Krieg kam sie während der häufigen Stromstörungen wieder zu Ehren. Da habe ich erst erfahren, wie mühsam es ist, damit umzugehen, den rußigen Zylinder zu putzen und dann vorsichtig auf die Lampe zu setzen, ohne ihn zu zerbrechen, den Docht zu stutzen und das Petroleum nachzufüllen. Als ich es so halbwegs konnte, war die Energieversorgung wieder normal und die Petroleumlampe hatte ausgedient.

Abgewaschen wurde in einem Schaffel, mit Sand und Soda, die griffbereit in weißemaillierten Behältern, artig blau mit „Sand" und „Soda" beschriftet, an der Wand hingen. Das Abwaschschaffel stand auf dem Wasserbankerl, gleich neben der ebenfalls weißemaillierten Wasserkanne, der „Bitschen", mit der man das kostbare Naß von der „Bassena" am Gang holen mußte. Natürlich fehlte auch das Deckerl nicht an der Wand, das blaubestickte:

„Beim Wasserbankerl nett und rein darf niemals ausgeschüttet sein."

Später mußte das Bankerl der „Abwasch" weichen, die zwei Schaffeln enthielt, eines fürs Abwaschen, eines fürs Schwemmen des Geschirrs, außerdem eine blecherne Abtropftasse; mit einem Deckel, der auf Schienen lief, konnte sie geschlossen werden. Es mußte also kein schmutziges Geschirr herumstehen, und die Küche sah gleich viel adretter aus. Im Unterteil der Abwasch konnte man Töpfe, Reindln und anderes Gerät unterbringen. Der Tischler, ein angeheirateter Verwandter, hatte das gut durchdacht.

Die morgendliche und abendliche Körperwäsche der Familie fand ebenfalls in der Küche statt, in einer weißemaillierten Waschschüssel, dem „Lawua". Sie war in einem Stockerl verborgen, das in seinem unteren Teil das Mistkistel enthielt und einen Deckel besaß, den man zuklappen konnte, so daß der Waschtisch nicht als solcher zu erkennen war und außerdem als zusätzliche Abstellfläche verwendet werden konnte.

Es gab viel aufzuklappen und zuzuklappen in unserer Küche. Das war aber auch notwendig, um die vielen Tätigkeiten, die sich dort abspielten, möglich zu machen.

In der Kredenz bewahrte man Geschirr und Besteck auf, *auf* der Kredenz die Einsiedegläser mit

Dunstobst, Marmelade und Hollerkompott, denn eingekocht wurde jedes Jahr. Auch Eier wurden in einem oder zwei großen Gurkengläsern eingelegt, weil man sie während des Sommerurlaubs auf dem Land frischer und billiger bekam als in der Stadt bei der Milchfrau.

Die Sitzbadewanne aus grauem Zinkblech hing an einem Nagel an der Wand, hoch oben, wo sie keinen Platz wegnahm. Sie wurde nur einmal pro Woche, am Badetag, heruntergeholt. Anfangs konnte ich bequem drin Platz finden, und ein paar Spielzeugenten noch dazu, später mußte ich die Beine heraushängen lassen.

Zu diesem Zeitpunkt hing mir der ganze Badetag bereits zum Halse heraus, und ich wurde zwecks gründlicher Reinigung einmal wöchentlich dem Tröpferlbad überantwortet.

Als der Herd noch vorhanden war, heizte er die Küche mehr als genug. Später ersetzte ihn ein Gasrechaud, ein zweiflammiger. Auch er gab genügend Wärme ab, besonders, wenn man das Backrohr zu Hilfe nahm.

Am Badetag jedoch, oder wenn es sehr kalt war, wurde der Petroleumofen angezündet, der kleine schwarze. Er hatte einen metallenen Henkel, man konnte ihn hinstellen, wo gerade Wärme nötig war. Meist stand er in der Mitte der Küche, und ich wurde ständig ermahnt, nur ja auf den Ofen aufzupassen. Manchmal rußte der Docht, und dann rauchte und stank er. Doch: „Erfroren sind schon viele, aber erstunken ist noch keiner!", damit trösteten sich damals die kleinen Leute.

Da unsere Küche auch als Vorzimmer diente, gab es an der Wand eine Kleiderablage, weiß lackiert, teilweise mit Stoff bespannt (dasselbe Rosenmuster wie die Scheibenvorhänge der Kredenz). Die Ablage hatte vier Metallhaken für die Kleider und zwei Metallringe im unteren Teil für Schirme und Spazierstöcke.

In den Türstock zwischen Küche und Kabinett hatte der Pepi-Onkel zwei starke Haken eingeschraubt, da konnten Schaukel und Ringe für mich eingehängt werden, die mir das Christkind gebracht hatte, und dann wurde die Küche sogar zeitweise zum Turnsaal

Der Fußboden war bei so intensivem Wohnen auf kleinstem Raum besonders mitgenommen. Er war aus Weichholz, ursprünglich in Naturfarbe, und mußte ständig gerieben werden, damit er schön weiß blieb. Das erwies sich als nicht sehr praktisch, darum wurde er bald braun gestrichen. Das gab der weißen Küche ein düsteres Aussehen, daher setzte meine Mutter eines Tages den Ankauf eines Bodenbelags aus Linoleum mit freundlichem Muster durch. Das Linoleum konnte leicht aufgewaschen werden, manchmal wurde es auch mit Bodenwachs eingelassen, danach roch es dann in der ganzen Wohnung.

Es war eigentlich recht gemütlich in unserer Küche.

Erst als ich größer wurde, habe ich mich zum Lesen, zum Aufgabenmachen und Klavierspielen in das bisher so selten benützte Zimmer zurückgezogen und mich nach einem eigenen Zimmer gesehnt.

Meine Mutter hat das Leben in der Küche allerdings nie aufgegeben. Als wir schon längst drei Zimmer mit Nebenräumen bewohnten, ist sie noch immer am liebsten in der Küche gesessen, auch wenn die Küchenarbeit vorbei war, auf dem niedrigen alten Sessel, den sie über alle Übersiedlungen hinweggerettet hatte und auf dem schon ihre Mutter gesessen war.

Ich halte mich nicht mehr so viel in der Küche auf. Aber den Sessel habe ich noch. Von dem kann ich mich nicht trennen.

VON WASCHTAGEN UND WASCHFRAUEN

Der Waschtag war seinerzeit kein Freudentag. Er hing über der Familie lange vorher bedrohlich wie ein Damoklesschwert und störte den normalen Tagesablauf ganz empfindlich. Am meisten litt die Mutter darunter, sie hatte die Plage und Arbeit — und es war Schwerarbeit! —, außerdem aber hatte sie noch die Probleme mit der Familie: mit dem Mann, der grantig war, weil er nicht mit der gewohnten Sorgfalt bedient wurde, mit der Schwiegermutter, der die Wäsche nie weiß genug war, und mit dem Kind, das überall im Wege stand und die ganze Remasuri als großen Spaß ansah.

War der Waschtag vorbei, die Wäsche gebügelt und sorgfältig im Kasten verstaut, stand die Mutter befriedigt davor, tat da und dort noch ein Säckchen Lavendel dazwischen und atmete auf. Bis zum nächsten Mal.

Der Waschtag fand in regelmäßigen Abständen statt, zu einem genau festgesetzten Termin. Als wir noch in Hernals wohnten, in dem dreistöckigen Haus mit den vielen Kleinwohnungen, aber nur einer einzigen Waschküche, war die Einteilung gar nicht so einfach. Es bestand wohl ein genauer Plan, welche „Partei" an den jeweiligen Tagen die Waschküche benützen durfte, doch gab es immer wieder Frauen, die sich an diesen Plan nicht hielten, sei es aus gewichtigen Gründen oder einfach aus Schlamperei. Da gab es natürlich dann Streitereien um den Schlüssel zur Waschküche und als Folge davon die entsprechenden Feindschaften, die oft jahrelang dauerten.

Die Aufregung begann also, bevor der Waschtag noch angefangen hatte: würde die vom dritten Stock rechtzeitig fertig werden, würde sie die Waschküche noch am Vorabend räumen, damit wir mit den Vorbereitungen beginnen konnten, und in welchem Zustand würden wir den Raum antreffen? Die vom dritten Stock gehörte nicht zu den Nettesten, da mußte man meistens erst saubermachen hinter ihr, bevor man mit der eigenen gepflegten Wäsche dort einzog.

Am Vorabend wurde, wenn alles glattging und der Waschküchenschlüssel fest in unserer Hand war, die Wäsche hinuntergetragen — die Waschküche befand sich nämlich im Keller — und in einem großen hölzernen Trog eingeweicht. Dort durfte sie über Nacht ausruhen, im Gegensatz zur Mutter, die sich im Bett unruhig hin- und herwälzte, vom kommenden Tag bis in ihre Träume verfolgt.

Zeitig in der Früh heizte sie den Kessel an, bereitete darin eine scharfe Lauge, das „Lader", wand die eingeweichte Wäsche aus, kochte sie in der Lauge kräftig durch, rührte gelegentlich mit einem langen hölzernen Kochlöffel um, bearbeitete sie im Waschtrog mit dem Waschbrett, der „Rumpel", außerdem mit Borstenbürste und Kernseife, bis dann endlich das Schwemmen beginnen konnte, das mehrmalige; ins letzte Schwemmwasser kam ein Schuß Waschblau hinein, und Stärke, falls erforderlich. Die Wäsche wurde nun zum letzten Mal ausgewunden, im geflochtenen Wäschekorb in den dritten Stock auf den „Boden" geschleppt und dort auf langen Stricken mit hölzernen Wäscheklammern, den „Kluppen", zum Trocknen aufgehängt. Wenn Platz war und die Vorgängerin nicht vergessen hatte, ihre Tuchentüberzüge, Polster und Geschirrtücher abzunehmen. Falls noch fremdes Eigentum herumhing, klopfte die Mutter bei der Sünderin an und verlangte scharf nach ihrem Recht, dem Platz auf dem Trockenboden.

Zu diesem Zeitpunkt war die Mutter bereits erschöpft, was nicht zu verwundern ist. Das Rumpeln, Bürsten und Auswinden in dem dampferfüllten Raum wäre noch nicht das Ärgste gewesen. Aber unsere Waschküche besaß zu jener Zeit noch keinen Ausguß, und so mußte das Wasser, das zum Waschen und Schwemmen gebraucht wurde, kübelweise durch das hochgelegene Fenster — es war nur mit ausgestreckten Armen zu erreichen — in den im Hof befindlichen Ausguß geleert werden! Wenn man bedenkt, daß zu einer ordentlichen Wäsche fünfmal Wasser gebraucht wurde: das Weichwasser, die Lauge, das Brühwasser, das Spülwasser und das Blauwasser, so kann man die Anstrengung ermessen, die allein das Wasserwechseln kostete.

Am nächsten Tag folgten etliche Aufstiege auf den Trockenboden, prüfende Griffe an den dort hängenden Wäschestücken. Was noch feucht war, blieb hängen und kam beim nächsten Gang dran. Besonders hartnäckige Stücke, die einfach nicht und nicht trocken werden wollten, dicke flanellene Unterhosen etwa, nahm die Mutter in halbfeuchtem Zustand ab und hängte sie in der Küche auf. Sie wollte den Trockenboden rechtzeitig geräumt wissen, damit die nächste Wäscherin keinen Grund zur Klage hätte.

Daß die Waschküche in makellos sauberem Zustand übergeben wurde, versteht sich wohl von selbst. Meine Mutter wollte sich nichts nachsagen lassen.

Als meine Großmutter gestorben war und in die Haushaltsführung nicht mehr dreinreden konnte, wurde das Leben für meine Mutter etwas leichter.

Eine Wäscherin kam ins Haus.

Sie war eine kleine, zarte Frau mit verhärmtem

19

Gesicht, strich mir jedes Mal zur Begrüßung gütig über den Kopf, mit Händen, die vom ständigen Hantieren mit Lauge und Rumpel aufgeweicht und runzlig waren, kam stets pünktlich und erledigte die Plackerei mit einem freundlichen, aber immer ein wenig traurigen Lächeln, als ob sie sich entschuldigen wollte, auf der Welt zu sein. Eigentlich hätte sie es nicht nötig haben sollen, eine Arbeit anzunehmen, denn ihr Mann war ein kleiner Gewerbetreibender, er erzeugte Süßwaren (an Erdäpfel aus Kokosmasse kann ich mich noch erinnern) und hätte damit, wie manche andere auch, seine Familie erhalten können. Aber leider, er trank und vertrank das Wenige, das er mit seinen zwei Händen verdiente, und so mußte die Frau dazuverdienen, um die Familie über Wasser zu halten.

Es war damals für Frauen sehr schwer, eine Verdienstmöglichkeit zu finden. Die meisten hatten ja nichts gelernt als das, was mit dem Haushalt zusammenhing, und so war das Waschengehen oft der einzige Ausweg, wenn es ums Verdienen ging.

Die Kinzer-Mutter, die Mutter meiner Tante, hat mit dem Waschen ihre drei Kinder erhalten, nachdem ihr Mann sie mittellos zurückgelassen hatte. Sie ging jeden Tag zu Fuß von Hernals in die Stadt, tat dort ihre Arbeit und kam am Abend wieder zu Fuß nach Hause, und von dem Essen, das man ihr gab, brachte sie einen Teil mit für die Kinder.

Die Kinzer-Mutter war eine arbeitsame Frau. Sogar als sie alt und blind geworden war, konnte sie das Nichtstun nicht ertragen. Wenn ich zu Besuch kam, mußte ich sie begrüßen gehen, was mir immer ein bißchen unheimlich war. Sie saß in einem niedrigen Lehnstuhl, scheinbar regungslos, das Kinn ganz auf die Brust gesenkt, als horche sie in sich hinein. Nur die Hände waren rastlos tätig. Die Kinzer-Mutter strickte. Strickte pausenlos, die kompliziertesten Muster. Pullover, Jacken, ja sogar Spitzendeckchen und Spitzenvorhänge. Anschlagen mußte ihr die Tochter, alles andere konnte sie selbst, und sie irrte sich nie. Wenn ich zur Begrüßung kam, ließ sie die Nadeln kurze Zeit ruhen, hob mühsam den Kopf und öffnete die blicklosen Augen, während sie mein Gesicht betastete, weil sie wissen wollte, wie ich aussah.

Die nächste Wäscherin, die meiner Mutter an die Hand ging — meine Mutter hat natürlich immer mitgearbeitet, die Rolle der „Gnädigen" konnte und wollte sie niemals spielen —, die nächste war die Käthe, manchmal auch „Kathl" genannt. Sie war ein festes, robustes Frauenzimmer, von klein auf an harte Arbeit gewöhnt, was sich auch nach ihrer Heirat nicht änderte. Ihr Mann war Kutscher und führte in den frühen Morgenstunden mit dem Pferdewagen die Milch aus. Da ist die Kathl mitgefahren, neben ihm auf dem Kutschbock gesessen bei jedem Wetter, und hat ihm geholfen, bevor sie mit ihrer eigenen Arbeit, dem Waschen bei fremden Leuten, begonnen hat. Die Kathl war eben ein „Arbeitsviech".

Erst viel später habe ich erfahren, daß sie Analphabetin war, die einzige, die ich je getroffen habe. Die Familie, aus der sie kam, hatte auf regelmäßigen Schulbesuch keinen Wert gelegt, die Kathl mußte schon als Kind fleißig arbeiten, und wenn sie in der Schule saß, fielen ihr dort vor Müdigkeit die Augen zu. So hat sie's halt nicht gelernt, das Schreiben und das Lesen. Wie man sich allerdings in der heutigen Zeit zurechtfindet ohne diese Kenntnisse — kann man sich das überhaupt vorstellen?

Mit den Wäschermädeln, den oft besungenen und beschriebenen, die die Schmutzwäsche abholten, daheim wuschen und dann sauber und gebügelt wieder ablieferten, und die in schwarzen Samtmiedern, koketten Röcken, gestreiften Strümpfen und flott geschlungenen Kopftüchern auf den Bällen der Vorstadt fröhlich dudelten und paschten, hatten diese Frauen nichts gemeinsam.

Auch das Bügeln hat sich im Laufe der Jahre sehr verändert. Die trockene Wäsche wurde vorerst einmal mit Hilfe einer Mangel geglättet, man drehte sie mit einer Kurbel durch eine Reihe von Walzen. Besaß man ein solches Gerät nicht selber, trug man die Wäsche auf die „Roll". Das war ein Geschäft, in dem man eine solche Wäscherolle gegen geringes

Entgelt benützen konnte. Erst dann begann das Bügeln.

Die Form des Bügeleisens hat sich nicht wesentlich verändert, wohl aber die Heizquelle.

Seinerzeit, und daran kann ich mich noch dunkel erinnern, benützte man einen Einsatz, vermutlich aus Gußeisen, den „Stagel", der wurde im Herd heißgemacht, dann in das Bügeleisen geschoben und heizte es.

Später verwendete die Großmutter Holzkohle, die im Bauch des Bügeleisens glühte. Um die Glut anzufachen, wurde das Eisen hin- und hergeschwenkt, daß man die Funken sprühen sah. Flog so ein Funken auf das zu bügelnde Wäschestück, war das Entsetzen groß.

Als die Gasbügeleisen aufkamen, wurde das Leben wieder ein bißchen leichter. Sie waren zwar groß und schwer, aber man konnte sie bequem auf den Gasrechaud stellen und anheizen. Die elektrischen Geräte machten das Bügeln beinahe zum Vergnügen. Das Problem, die richtige Temperatur zu erwischen, löste sich allerdings erst, als findige Köpfe einen Thermostaten einbauten. Und das Einspritzen der Wäsche, um sie nach dem Trocknen wieder bügelfähig zu machen, kann man sich jetzt dank des Dampfbügeleisens auch ersparen.

Das heiße Eisen mußte man während des Bügelns gelegentlich abstellen, das war wichtig. Ließ man es nämlich in Gedanken versunken zu lange auf dem Leintuch, das gerade auf dem Bügelladen aufgelegt war, stehen, gab es häßliche Brandflecken. Zum Abstellen verwendete man einen durchbrochenen eisernen Untersatz, der Form des Bügeleisens angepaßt. Unserer sah aus wie ein Blatt und hatte einen hölzernen Griff, der aber im Lauf der Jahre abhanden gekommen war.

Die gebügelte Tisch- und Bettwäsche wurde in adretten Stößen in den Kasten geschlichtet; ein ordentlicher Wäschekasten war der Stolz jeder Hausfrau, deshalb wurden auch die Vorderkanten der Kastenbretter liebevoll mit handgestickten Streifen versehen.

Die Herrenhemden bügelte die Mutter selbstverständlich sorgfältig mit der Hand, nachdem Kragen und Manschetten gestärkt worden waren. Nur in der Zeit, als mein Vater steife weiße Kragen trug, wurden diese Kragen in die Putzerei getragen. Sie brauchten eine Spezialbehandlung, die man diesen martervollen Kleidungsstücken zu Hause nicht zuteil werden lassen konnte.

Den Fettflecken, die gelegentlich anfielen, rückte meine Mutter mit Meerschaumstaub zu Leibe. Dazu brauchte man keine teure Putzerei.

Als wir nach Mariahilf übersiedelten, änderte sich die Waschtagsproblematik ein wenig, aber nicht viel.

Die Waschküche befand sich nun im obersten Stockwerk, gleich neben dem Trockenboden. Sie enthielt einen eingemauerten Kessel, einen Bottich, etliche Schaffeln und einen alten Waschtrog, der am Zerfallen war. Deshalb kaufte meine Mutter einen neuen, der nach dem Waschtag als unser persönliches Eigentum in der Abstellkammer unserer Wohnung verstaut wurde bis zum nächsten Mal. Am Vortag des Waschtages wurde die Wäsche in der Badewanne eingeweicht und dann ausgewunden, aber noch naß und daher bleischwer in dem ebenfalls schweren Waschtrog nach oben geschleppt, zusammen mit Rumpel und Waschpulver. Es mußte alles tadellos vorbereitet sein, damit die Wäscherin nichts zu nörgeln hatte.

Ihre Majestät, die Wäscherin!

Die Zeiten hatten sich inzwischen geändert, eine Wäscherin war nicht mehr leicht zu bekommen. Die Neue sah aus wie eine Dame; wenn sie kam und ging, konnte man ihr an Kleidung und Haltung ihre Tätigkeit nicht ansehen. Sie war eben eine herrschaftliche Wäscherin und flößte meiner Mutter ebensoviel Furcht ein wie die neue, die herrschaftliche Wohnung.

Bange Momente des Wartens: Würde sie überhaupt kommen? Oder würde sie uns aufsitzen lassen?

Wenn dann endlich das ersehnte Klingeln an der Tür ertönte, fiel meiner Mutter ein Stein vom Herzen, sie heuchelte eine freudige Begrüßung, doch sofort kam die nächste Sorge: Würde ihr das Essen, das man ihr servierte, recht sein?

Tagelang vorher hatte die Mutter gegrübelt über dem Speisezettel. Zuerst einmal, noch vor Arbeitsbeginn, einen Kaffee mit Mehlspeise, vormittags ein Gabelfrühstück und eine Flasche Bier, das Mittagessen mit Suppe, Hauptspeise und Nachspeise, nachmittags wieder Kaffee — wenn der Waschtag vorbei war, fühlte sich meine Mutter ebenso erschöpft, wie wenn sie selber gewaschen hätte. Und fragte sich die nächsten Wochen bang, ob wohl die Behandlung den Beifall der Wäscherin gefunden habe und sie geneigt wäre, uns wieder mit ihrem Besuch zu beehren.

Es ist daher durchaus zu verstehen, daß meine Mutter eine der ersten Kundinnen war, als auf der Mariahilfer Straße eine Schnellwäscherei eröffnet wurde.

Die meisten Hausfrauen beäugten diese neumodische Einrichtung mit großem Mißtrauen, und sie machten auch meiner Mutter gegenüber kein Hehl daraus. „Dort gehen Sie hin? Die machen ja die ganze Wäsch kaputt! Tut Ihnen nicht leid?"

Doch meine Mutter sagte nur knapp: „Besser, die Wäsch wird hin, als ich werd hin!"

Und dabei blieb es. Der Waschtag hatte seinen Schrecken verloren.

Nur auf dem Land, im Kamptal, in der Sommerfrische, hat meine Mutter noch Wäsche gewaschen, das war so ein bißchen wie „zurück zur Natur".

Ein Waschtag in den Ferien hat meiner Mutter sogar Spaß gemacht. Da stand der Kessel im Freien, einem Maronibrater ähnlich, oben ein runder hölzener Deckel, unten ein Ofentürl zum Heizen, hinten ein Rauchfang, der lustig rauchte.

Schwemmen tat man im Mühlbach, die Wäsche wurde auf die Wiese zum Bleichen aufgelegt oder im Garten aufgehängt, die Wäscheleine war zwischen den alten Obstbäumen gespannt, und wenn sie nicht zum Wäschetrocknen gebraucht wurde, spielten wir Kinder dort „Ball über die Schnur".

Die im Freien getrocknete Wäsche duftete nach Sonne und Luft, daß es eine Freude war.

DIE „BELETAGE"

„In welchem Stock wohnen Sie?" werde ich gefragt, und wahrheitsgemäß antworte ich: „Im ersten."

Wenn die Besucher dann keuchend vor meiner Tür ankommen, muß ich mir vorwerfen lassen, daß ich, was den Stock anlangt, geschwindelt habe.

Aber nicht ich habe geschwindelt, sondern schon die Hausherren zur Zeit, als das Haus, und viele Häuser dieser Kategorie, um die Jahrhundertwende gebaut wurde.

Da gibt es das „Parterre", dort wohnt die Hausbesorgerin. Die Tür zu ihrer Wohnung ist auf gleicher Höhe mit dem Haustor. Dann allerdings muß man ein paar Stufen hinuntersteigen, denn die Hausmeisterwohnung liegt eigentlich im Souterrain.

Der nächste Stock heißt „Hochparterre", der übernächste „Mezzanin", und dann erst folgen der „1. Stock", der „2. Stock" und so weiter, so daß ein dreistöckiges Haus in Wahrheit fünf Stockwerke hat.

Das hatte vorerst steuerliche Gründe. Es mußte,

glaube ich, erst ab dem ersten Stock Steuer entrich-
tet werden, je mehr Stockwerke, desto mehr Steuer,
und so half sich der Hausherr mit einem kleinen
Schwindel und ließ den ersten Stock erst im dritten
beginnen.

Außerdem hatten die Wohnungen im ersten
Stock einen höheren Wert, sie waren die vornehm-
sten und teuersten. Wer auf sich hielt, wohnte in der
„Beletage“, mit möglichst vielen Fenstern und einem Balkon auf die Gasse hinaus. Im Parterre zu
wohnen galt als unfein, auch der dritte und vierte
Stock waren den ärmeren Mietern vorbehalten, und
deshalb versuchte der Hausherr aus einem solchen
Herrschaftshaus mindestens zwei „gute“ Stockwerke herauszuschinden.

Wie sich doch die Zeiten geändert haben!

Heute reißt sich niemand mehr um Wohnungen
im ersten Stock, und schon gar nicht um Straßenla-
ge. Je höher hinauf, desto beliebter, nach Möglich-
keit im obersten Stockwerk, und alle Fenster nach
hinten hinaus, in den Hof. Denn dorthin dringt der
Verkehrslärm nicht so durch, auch nicht die Abga-
se, und wenn man Glück hat, genießt man eine hübsche Aussicht über die Dächer hinweg.

Das Leben und Treiben auf der Straße beobachten
zu können, wie man das seinerzeit, auf den Fenster-
polster gelehnt, als beliebte Freizeitbeschäftigung betrieb, ist heute unmodern geworden.

DER KACHELOFEN

Wenn es notwendig war, das Zimmer zu heizen, damals, als wir noch in Zimmer, Küche und Kabinett wohnten, besorgte das der Kachelofen.

In der neuen großen Wohnung gab es in jeder Zimmerecke einen Kamin, eine Art Dauerbrandofen, notdürftig mit Kacheln verkleidet. Damit zu heizen, hat meiner Mutter nicht behagt, und so wurde für das Wohnzimmer wieder ein Kachelofen in Auftrag gegeben.

Der Hafner verwendete das vorhandene Kachelmaterial und baute einen Holzdauerbrandofen. Den brauchte man angeblich nur einmal tüchtig mit Scheiten zu füllen, wenn die richtig brannten, sollte er abgesperrt und dann in Ruhe gelassen werden. Der gute Hafner muß irgend etwas falsch gemacht haben. Mit dem Dauerbrand war es nichts, das neue System unterschied sich nicht von dem alten, man mußte nach wie vor aufpassen, daß das Feuer nicht ausging, und deshalb in regelmäßigen Abständen nachlegen. Die Enttäuschung wurde aber mehr als wettgemacht durch die köstliche Wärme, die er von

sich gab, so wohlig und angenehm, wie sie die fort-
schrittlichsten Zentralheizungen nicht bieten können. Er trocknete die Luft nicht aus, er speicherte
die Wärme bis in die Morgenstunden; in der ausge-
sparten Öffnung, die er in seinem Bauch hatte,
konnte man den Kaffee warmstellen oder Erdäpfel
braten, man konnte sich, wenn einen fröstelte, den
Buckel an ihm wärmen, oder die Hände, oder die
Füße, je nach Bedarf.

Das Holz bestellten wir schon im Frühjahr, eine
ganze Fuhre voll, die wurde dann, in ofengerechte
Scheite geschnitten, im Sommer geliefert, da war alles schön trocken, kräftige Männer trugen das Holz
in Butten in unseren Keller, wo meine Mutter und
ich den Berg, den sie vor die Tür geleert hatten, auf-
schlichteten, damit alles untergebracht werden
konnte. Am Beginn des Winters war der Keller
randvoll. Was zur Fütterung des Ofens gebraucht
wurde, mußten wir in einem „Tragel" in die Wohnung schleppen, zu Fuß, denn unser Haus besitzt
keinen Aufzug. Ein, zwei Trageln pro Tag schluckte
er schon, unser Ofen, manchmal sogar mehr.

Und im Frühjahr war der Keller leergeheizt. Das
Schleppen war kein Vergnügen. Besonders am
Abend wollte niemand mehr gern in den kalten, fin-
steren Keller steigen, und so versagten wir uns oft
das Nachlegen und begegneten der ungemütlichen
Zimmertemperatur durch Anziehen von Wollwe-

sten und Flanellschlafröcken. Schließlich wurde mir die Plackerei zu dumm, das stundenlange Einschlichten in den Keller bei der Holzlieferung, dann das Hinauftragen in die Wohnung, zum Nachlegen gab es auch niemanden mehr seit dem Tod meiner Mutter. Ich entschloß mich also, den Kachelofen abtragen zu lassen und mir einen Ölofen anzuschaffen, die waren gerade in Mode gekommen.

Der Abschied ist mir nicht leichtgefallen.

Zu viele Erinnerungen hingen an ihm.

Liebesbriefe, die nicht mehr aufgehoben werden wollten, meine halbfertige Dissertation, so mancher Christbaum, alles hatte noch einmal Wärme gegeben vor der endgültigen Vernichtung. Man konnte davor sitzen, in die Flammen schauen und seinen Gedanken nachhängen.

In einem Ölofen kann man nichts verbrennen außer Öl, und man kann auch nicht vor ihm träumen.

Freilich war es nicht immer leicht, für den alten Kachelofen in der Kriegs- und Nachkriegszeit Brennmaterial aufzutreiben. Aber er war ja genügsam, er gab sich sogar manchmal mit Papier und Pappendeckel zufrieden und ließ sich auch zu Kohlen herab, die uns der bei uns einquartierte französische Besatzungssoldat verschaffte.

Nach dem Krieg gab es auch einmal eine eigenartige Holzaktion. Man konnte zu Brennholz kom-

men, wenn man es sich im Wald, an einem zugewie-
senen Fleck, selber schlug, jeder sein eigener Holz-
knecht. Man mußte es zum Glück nicht selber in
die Stadt transportieren, die geschlagene Menge an
Festmetern wurde einem in Wien nach getaner Arbeit zugeteilt. Der Kachelofen hatte wieder Futter.

Und nun heize ich mit Öl. Es ist weniger mühse-
lig. Kein Holzschleppen, kein Spänemachen, kein
Anheizen, kein Ausräumen. Aber auch keine ge-
mütliche, langanhaltende Wärme. Und bei jeder Öl-
krise die Besorgnis, ob es noch eine nächste Liefe-
rung geben wird. Manchmal, wenn mich fröstelt,
gehe ich in Gedanken zu dem Platz, wo seinerzeit
der alte Kachelofen gestanden ist und jetzt der Ölofen sein Bestes tut, und ich versuche, mir den
Buckel an ihm zu wärmen.

Aber das kann er natürlich nicht.

DER NATUREISLAUFPLATZ

In meinen Kinderjahren gab es in Wien zwei Kunsteislaufbahnen: den „Eislaufverein" und den „Engelmann".

Beide waren für unsere Verhältnisse zu teuer und auch zu weit. Billiger und näher war der „Lehrersportplatz" (zu meiner Zeit hieß er so, inzwischen hat er den Namen öfter gewechselt), den durfte ich, wenn ich meine Aufgaben gemacht hatte und wenn es kalt genug war, am Nachmittag aufsuchen.

Es versteht sich, daß ich damals das Thermometer geradezu beschwor, unter Null zu sinken.

Denn der Lehrersportplatz war ein Natureislaufplatz. Keine Maschinen standen zur Verfügung, um eine spiegelglatte Eisfläche zu erzeugen, nur die Natur. Nachts wurde mit großen Schläuchen „gespritzt"; wenn es glückte und das Wasser gefroren war, hängte man am Eingang eine Fahne heraus, zum Zeichen, daß „Schleiftag" war.

Es muß damals wirklich viel kältere Winter gegeben haben als heute, denn ich kann mich an viele Schleiftage erinnern. Ich war keine gute Eisläuferin, konnte nicht einmal rückwärts fahren, von Bogen und Achtern oder gar vom Eistanzen war keine Rede. Aber die Hermann-Hermi, mit der ich meistens zum Eislaufen ging, konnte das auch nicht. Daß wir nichts Außergewöhnliches zustande brachten, hat uns nie gestört; wir liefen glückselig immer im Kreis, waren froh, wenn uns ein Buckel im Eis nicht zu Fall brachte, tratschten ausgiebig, und wenn gelegentlich Schallplattenmusik aus dem Lautsprecher ertönte, „Veronika, der Lenz ist da" oder Waldteufels „Die Schlittschuhläufer", lief es sich besonders gut.

Meine Schlittschuhe waren an die Sohlen meiner braunen Schnürschuhe angeschraubt, das besorgte der Pepi-Onkel, und im Frühjahr wurden sie wieder abgeschraubt, eingefettet, damit sie nicht rosteten, und sorgfältig aufgehoben. Die Schuhe, die „hohen Schuhe" nannte sie meine Mutter, trug ich in der warmen Jahreszeit als „Wienerwaldschuhe" bei den sonntäglichen Familienausflügen.

Freilich hätte ich gern elegante weiße Eislaufstiefel besessen, die bis zur halben Wade gingen, und dazu ein Eislaufkleid, aus blauem Samt, mit kurzem Glockenröckchen und weißem Marabubesatz; die künftigen Kunstläuferinnen trugen so etwas, und das Röckchen flog um sie wie ein Rad, wenn sie ihre Pirouetten drehten. Da ich aber über das Vorwärtslaufen nie hinausgekommen war, blieben das

Samtkleid und die weißen Stiefel für mich uner-
reichbar.

Einmal pro Saison gab es ein Kostümfest auf dem
Eislaufplatz, dem fieberten wir geradezu entgegen.
Wir hofften tagelang vorher auf grimmige Kälte,
denn sonst würde das Fest im wahrsten Sinne des
Worts ins Wasser fallen.

In einer Kostümleihanstalt in unserer Nähe durften wir, die Hermi und ich, unter Anleitung unserer
Mütter Kostüme aussuchen. Der Hofphotograph
Hermanus hat uns einmal in solcher Verkleidung
verewigt, die Hermi in langen weißen Hosen und einem runden Hütchen mit bunten Bändern, ich mit
kurzem Rock, weißer Bluse und bebändertem
Kopfschmuck, ein ungarisches Paar wie aus der
Operette. Wir waren selig, kamen uns unerhört
schön vor, drehten auf dem Eis unsere Runden wie
die anderen kostümierten Kinder, zu den Klängen
des diesmal pausenlos spielenden Lautsprechers, und
ärgerten uns über die wilden Buben, die uns anrem-
pelten, vor die Füße fuhren und so die Harmonie
des sanften Dahingleitens störten.

Als mein Sohn mit dem Eislaufen begann, auch er
hat es darin nicht weit gebracht, gingen wir manchmal auf den Gußhausplatz, dort, wo ehemals das
Scala-Theater gestanden war.

Aber die Tage, an denen das Thermometer Minusgrade zeigte, waren schon seltener geworden, es

fehlte wohl auch an Personal, das sich der Mühe des Spritzens und der Platzbetreuung unterziehen wollte. Geld war damit kaum zu verdienen, und so hörte sich der Natureislaufplatz langsam auf.

In Wien kenne ich keinen mehr.

EIN KINDERSPIEL

Meine Tante hat mit mir oft „Pfennigeinstreichen" gespielt. Das ging so:
Ich mußte die Handfläche nach oben kehren, sie strich mit ihrer Hand darüber und sprach dazu in geheimnisvollem Singsang:

> „I streich, i streich dir an Pfennig ein,
> du darfst net sagen ‚ja‘, net ‚nein‘,
> net ‚kalt‘, net ‚heiß‘,
> net ‚schwarz‘, net ‚weiß‘,
> net ‚Apfel‘, net ‚Birn‘,
> net ‚Nadel‘, net ‚Zwirn‘."

Den genauen Wortlaut, was man alles nicht sagen durfte, habe ich vergessen.
Jetzt begann das Spiel erst richtig.
Die Tante stellte mir Fragen, die mußte ich beantworten, durfte aber die verbotenen Wörter dabei nicht verwenden. Die Fragen wurden immer listiger, und ich mußte ebenso listig mit Umschreibungen darauf antworten, um nur ja nicht eines der Tabu-Wörter zu verwenden; war ich aber trotzdem in eine Falle getappt, mußte ich ein Pfand hergeben.

Diesem Spiel bin ich seither nicht mehr begegnet. Die Kinder spielen heute andere Spiele. Die Erwachsenen hingegen, so scheint mir, üben das „Pfennigspiel" noch immer, sogar die Tabu-Wörter sind zum Teil dieselben geblieben.

Wenn einem der Pfennig lieb ist, darf man kein klares „Ja" und kein eindeutiges „Nein" aussprechen, das Wort „Schwarz" ist besser durch „Farbig" zu ersetzen, und dann gibt es natürlich eine Unzahl moderner Tabus, um die man herumreden muß. „Provinz" ist durch „Bundesländer" zu ersetzen, statt „Versorgung" sagt man „Altersheim", ein „Tachenierer" ist ein „Sozialgeschädigter", „betrunken" ist „alkoholisiert", die alten Leute sind „Senioren", „Fürsorge" heißt „Sozialhilfe" — die Liste der Tabu-Wörter läßt sich beliebig fortsetzen.

Tappt man in die Falle und spricht ein verpöntes Wort aus, können die Folgen sehr unangenehm sein.

Drum: wem der Pfennig lieb ist, der hüte seine Zunge!

Ein altes, ein weises Spiel. Aber kein lustiges.

FREIZEIT

Womit haben wir uns eigentlich beschäftigt in unserer Freizeit, damals, als das Fernsehen noch nicht erfunden war?

Ein Radio gab es bei uns schon ziemlich früh. Zuerst einen „Detektor" mit Kopfhörern, durch die konnte ein privilegiertes Mitglied der Familie weit entfernte Geigenklänge hören, während die anderen staunend dabeisaßen. „Horch, der Bert Silving!" sagte man verklärt und hielt mir den Hörer ans Ohr.

Später gab es einen Radioapparat mit Lautsprecher, da konnten dann alle gleichzeitig hören, das war ein unerhörtes Erlebnis! Die Bastelstunde mit dem Bastelonkel Oskar Grissemann, die Fußballübertragungen mit Willy Schmieger „Vogel zu Schall, Schall zu Vogel, Tooor!", Kindersendungen mit Dora Miklosich und Willy Trenk-Trebitsch, bis zu der letzten abendlichen Durchsage „Vergessen Sie nicht, die Antenne zu erden und den Gashahn abzudrehen".

So dominierend wie das Fernsehen war das Radio allerdings nicht. Selbst wenn der Apparat lief, konnte man beim Zuhören die Hände beschäftigen mit Sockenstopfen, Nähen oder sonst einer Handarbeit. (Sogar ich, durchaus kein Talent auf diesem Gebiet, habe während des Radiohörens eine Petit-Point-Tasche gestickt und etliche Teppiche geknüpft).

Handarbeiten — „Handerweiten" schrieb meine Volksschulfreundin, die Hermann-Hermi, in ihr Heft, sei es, weil sie die Rechtschreibung, sei es, weil sie den Gegenstand qualvoll fand — Handarbeiten waren die klassische Freizeitbeschäftigung der Frauen.

Wenn die Großmutter nähte, mußte ich ihr einfädeln, weil sie nicht mehr gut sah. Zum Steifmachen des Fadens zog sie ihn durch ein Stückchen Schusterpech oder Wachs, und wenn ihr ein paar Hafteln oder Nadeln auf den Fußboden fielen, durfte ich sie mit einem kleinen hufeisenförmigen Magneten aufpicken. Beides ist eigentlich recht praktisch, in meinem Alter könnte ich mir diese Gewohnheit wieder aneignen.

Man häkelte auch viel: Tischdecken aus feinem Garn in komplizierten Mustern, aber auch kleine und kleinste Sterne, die dann die Kommoden, Nachtkästchen und Klaviere verschönten.

Eine glatte Holzfläche ohne Deckerl war undenkbar. Und auch unpraktisch, denn da konnte man den Staub viel besser sehen.

Gestrickt wurde bei uns zu Hause viel. Nicht von mir, ich habe es trotz redlichem Bemühen nie richtig erlernt, mir fiel immer wieder eine Masche herunter, ich konnte sie nie aufheben und strickte rasch darüber hinweg, in der trügerischen Hoffnung, man würde es nicht merken. Aber Mutter und Großmutter strickten emsig und geschickt. Wenn sie nicht gerade Flecken in die Leintücher einsetzten oder Strümpfe stopften. Sie strickten Socken und Fäustlinge, „Stützerln" (Pulswärmer) und Kniewärmer, Jacken, Hauben, Schals und Pullover. Was nicht mehr gefiel, wurde aufgetrennt, die Wolle gewaschen und wiederum verstrickt. Und wenn man aus alten Kleidungsstücken gar nichts anderes mehr machen konnte, wurden sie in Streifen geschnitten, die Streifen aneinandergenäht auf der alten Singer-Maschine, zu gewaltigen Knäueln gerollt und von einem Fachmann zu Fleckerlteppichen verarbeitet.

Die Großmutter strickte oft Handschuhe, die unfertig aussahen, weil die Fingerspitzen fehlten. Das tat sie vermutlich zur Erinnerung an ihre Jugendzeit, als sie Kassiererin bei einem Fleischhauer war und in dem kalten Geschäft die Finger zum Geldzählen freihaben mußte.

Das Klappern der Stricknadeln ist ein Geräusch, das zu meiner Kinderzeit einfach dazugehört.

Gestickt wurde natürlich auch eifrig.

Da gab es eine Unzahl von Deckerln, die den Alltag verschönten, schon während ihrer Anfertigung,
und erst recht nach ihrer Fertigstellung. Sie wurden
in den kompliziertesten Stichen gestickt. Die Stiche
mußte man schon als kleines Mädchen in der Hand-
arbeitsstunde lernen. Wir taten es in bunter Seide
auf grobem Gitterstoff; wenn der mit den uns aufer-
legten Stichen vollgestickt war, wurde er von der
Mutter unterfüttert und zu einer Tasche zusammen-
genäht, in die konnte man Strümpfe oder Taschen-
tücher hineintun, und sie hat mich immer an die
Qualen jener Handarbeitsstunden erinnert.

Ich weiß nun wirklich nicht: liegt es am Unterricht oder an mir, daß mir das Handarbeiten keinen
Spaß macht?

Die Deckerln, die an den Wänden hingen, waren
meist in Blau oder Rot auf weißem Grund, die Sprü-
che wurden in der Tambourieranstalt vorgedruckt
— gibt es heute noch eine Tambourieranstalt? —
und waren von hausbackener Poesie.

„Für die Küche ist die Frau geboren, ein Mann
hat darin nichts verloren." „Schiffe ruhig weiter,
wenn auch der Mastbaum bricht, Gott ist dein Be-
gleiter, er verläßt dich nicht."

Auch der Wäschekasten bekam ähnlich sinnvoll
bestickte Streifen an die Bretter genagelt.

Daß jedes Wäschestück, jedes Geschirrtuch, jedes
Handtuch das kunstvoll ausgestickte Monogramm

der Hausfrau aufweisen mußte, war eine Selbstverständlichkeit. Die Töchter aus gutem Haus hatten ihren Trousseau, aber die Töchter aus weniger gutem Haus hatten ihren Ehrgeiz, sie traten da in erbitterten Wettstreit, und deshalb habe ich heute noch eine Anzahl von Polsterüberzügen und Servietten, die das eigenhändig gestickte Monogramm meiner Mutter aufweisen.

Die kunstvoll verschlungenen Initialen konnte man in allen erdenklichen Größen und Kombinationen vordrucken lassen, falls man es nicht vorzog, sie gleich an Ort und Stelle mit der Maschine sticken zu lassen.

Eine fleißige Hausfrau unterzog sich der zeitraubenden Stickerei natürlich selbst.

Sofa, Diwan und Ottoman waren voll der Polster mit neckischen Stickereien wie „Nur ein Viertelstündchen" oder „I bleib dir 3, 4 + 4", was meist in Bauernstuben verwendet wurde. Das Diwanpüppchen durfte nicht fehlen, das hatte ein gehäkeltes Kleidchen an.

Die Harlekinpuppe, der „Wurschtel", war von der Häkel- und Strickmanie verschont geblieben, er trug ein aus Stoff genähtes Gewand. Spielen durfte man mit Diwanpuppe und Wurschtel nicht, sie dienten nur der Dekoration.

Ebensowenig durfte man die „Tante Mariedl" anrühren, die hatte „das Beste unter dem Kittel", wie die gestickte Aufschrift bezeugte, nämlich eine Schnapsflasche unter dem Reifrock, mit der durften sich nur die Erwachsenen vergnügen.

Die Tini-Tante, bei der der Hang zum Kitsch besonders stark entwickelt war, hatte auf dem Tisch nicht nur eine kunstvoll gehäkelte Decke, sondern darauf auch noch eine Schale mit künstlichem Obst, und auf dem Schubladkasten eine Vase mit künstlichen Blumen, „gemachten", wie man sagte. Obst und Blumen sahen immer verstaubt aus, weil man sie nur schwer reinigen konnte.

Viel öfter als heute kam Besuch ins Haus. Unangesagt, weil wir ja kein Telefon hatten, eben nur so, im Vorbeigehen. Meist Verwandte. Die saßen dann in der Küche, tratschten ein bißchen und mußten nicht bewirtet werden, was die Besuche heutzutage so mühsam macht. Die bekamen höchstens ein Häferl Kaffee, wenn einer auf dem Herd warmstand. Daß man jemandem einen Drink anbot, war nicht der Brauch, Alkoholika waren bei uns nicht vorrätig. Ein Stamperl Schnaps konnte nur angeboten werden, wenn man einen angesetzt hatte, mit Nüssen oder Weichseln, in einer übergroßen Flasche, die monatelang im Fenster stand.

Die unverhofften Besuche setzten sich noch lange fort. Besonders im Krieg.

Zwar hatten wir da schon Telefon, aber das war infolge der Bombenangriffe oft gestört, und so ging man persönlich nachsehen, ob bei Freunden und Verwandten die Wohnung noch stand, und man sprach sich gegenseitig ein wenig aus, was in Zeiten der Bedrängnis allen ein Bedürfnis war.

Meine Eltern spielten recht gern Karten. Eine Zeitlang gab es eine Rummyrunde, einmal in der Woche, der Reihe nach teils bei uns, teils bei den andern Spielern. Ein paar Onkeln und Tanten und ein Kollege meines Vaters mit seiner Frau taten mit. Es ging immer recht lustig zu; was beim Spiel gewonnen wurde, kam in eine gemeinsame Kassa. In der schönen Jahreszeit wurde ein Lastauto gemietet, und mit dem Inhalt der Kassa ein Ausflug für alle finanziert.

Im Sommer, im Kamptal, hat mein Vater ein paar Tarockpartner kennengelernt, und diese „Königrufen"-Partien wurden dann im Winter in Wien fortgesetzt.

Wenn sich kein Partner fand und meinem Vater trotzdem nach Kartenspielen zumute war, legte er Patiencen. Mir das Kartenspielen beizubringen, hat er nach ein paar Versuchen aufgegeben.

Als ich noch klein war, wurde mir zuliebe oft „Mensch ärgere dich nicht" gespielt, auch Onkel und Tante taten mit. Ich ärgerte mich allerdings furchtbar dabei, nicht, wenn ich verlor, sondern wenn ich merkte, daß man mich gewinnen ließ. Das ging mir gegen die Ehre, und so endete manches

Spiel mit Tränen und ohnmächtiger Wut von meiner Seite.

Es gab auch viel Hausmusik bei uns. Das Schrammelquartett hielt sich, mit wechselnden Partnern, viele Jahre hindurch.

Als ich ausreichend Klavierspielen konnte, wurde manchmal ein junger Mann eingeladen, der gut Cello spielte, da versuchten wir uns mit meinem Vater zusammen an Trios. Dem braven Cellisten verdanke ich die zweibändige Ausgabe der Beethoven-Klaviersonaten, die er mir zum Dank für die Gastfreundschaft in unserem Hause geschenkt hat.

Oft spielten mein Vater und ich nur zu zweit Klavier und Geige, das war mir eigentlich am liebsten.

Ins Kino sind wir sehr häufig gegangen, schon als ich noch klein war. Das Astoria-Kino war gleich nebenan, eine Zeitlang war der Onkel Rudolf dort „Operateur", er führte die Filme vor, und die Tini-Tante war Billeteurin, da bekamen wir immer unsere Stammplätze, Balkon, erste Reihe.

Später, in Mariahilf, wurde unser Stammkino das „Schäffer", das damals noch ein solides Familienkino war, in dem es die besten Filme gab, gleich nachdem sie in den Premierenkinos angelaufen waren. Zwei- bis dreimal in der Woche ins Kino zu gehen war normal. (Heute gehe ich kaum einmal im Jahr!) Seit das Fernsehen in jedes Heim eingekehrt ist, hat das große Kinosterben eingesetzt. Überleben konnten nur die Uraufführungskinos in der Stadt. Die lieben Vorstadtkinos sperren eins nach dem andern zu und werden dann meist in Supermärkte umgewandelt. Auch in Hernals hat das letzte Kino, das „Kalvarienberg", vor kurzem gesperrt. Astoria, Luna, Royal, Weltspiegel — alle dahin.

Erinnern Sie sich noch an die Perolinspritze des Billeteurs? Wenn er damit köstlichen Duft in die vor Erregung erhitzte Luft sprühte, wußte man beglückt: Gott sei Dank, es ist noch nicht aus! Aber wenn er die Türen öffnete, noch bevor sich die Lippen von Held und Heldin in Großaufnahme trafen, da wußte man, das Ende stand unmittelbar bevor, man würde gleich aus dem Paradies vertrieben werden.

An Sonntagen machten wir meist einen Ausflug, Onkeln, Tanten, Cousins und Cousinen, Bürokollegen samt Frauen und Kindern — es war immer eine große Schar, die durch den Wienerwald streifte, sich dann zu Mittag niederließ und das im Rucksack Mitgebrachte verzehrte — feine Leute nennen das heute „Picknick".

Haben Sie als Kind auch so gern Kracherl getrunken? Nur die Aussicht auf ein Kracherl hat mich oft bei einem ermüdenden Spaziergang zum Weitergehen veranlassen können. Dann der Kampf: ich verlangte ein rotes, die Mutter wollte mir ein weißes, höchstens noch ein gelbes gestatten, das rote erschien ihr zu sehr gefärbt und daher ungesund. Meist hatten die Kracherlflaschen einen Porzellanverschluß mit Gummiringdichtung und Metallschnalle zum Auf- und Zumachen, beim ersten Öffnen zischte die entweichende Kohlensäure so erregend. Aber noch schöner waren die Flaschen mit Kugelverschluß, da mußte man die Glaskugel beim Öffnen ins Flascheninnere stoßen. Wie konnte die nur in die Flasche gelangen, und wie konnten die Kracherlerzeuger die Flasche mit der Kugel verschließen? So ein Kracherl hatte etwas Geheimnisvolles an sich. Der Inhalt allerdings schmeckte enttäuschend, stieg in die Nase, und eigentlich wäre mir ein Himbeerwasser lieber gewesen. Wenn nicht die Freude an den Flaschen gewesen wäre . . .

Lustig waren die Wochenende auf dem „Land", in Perchtoldsdorf — man sagte natürlich „Petersdorf" — wo Onkel und Tante ein Häuschen mit Garten erwirtschaftet hatten. Dort wurde gemeinsam gekocht, Karten gespielt, die Kinder tobten im Garten, und die fröhliche Gesellschaft, durch Ribiselwein gelockert, übernachtete dann auf behelfsmäßigen Lagern, was wir Kinder besonders liebten, denn da betrugen sich die Erwachsenen heiter und ausgelassen und waren uns gleich viel lieber und näher als sonst.

Einmal im Jahr, im Juni, also etwa um die Zeit meines Geburtstages, gab es einen Besuch des Wurstelpraters.

Meist war es eine recht große und lustige Schar, die sich im Prater zusammenfand, Eltern und Kinder, Onkeln und Tanten. Alle waren ausgelassen, auch die Erwachsenen, was uns Kinder besonders begeisterte, weil sie von dem Podest ihrer Autorität plötzlich auf unsere Ebene herunterstiegen und sich als ganz umgängliche Menschen entpuppten.

Der Wurstelprater lebt in meiner Erinnerung als ein Gemisch von Lärm, Staub und Glückseligkeit.

Den Bauchredner mit seiner Puppe Maxi durfte ich aufsuchen, Maxi klappte seine Kulleraugen so drollig auf und zu. Wieso der aber wußte, daß die Trude aus Hernals im Zuschauerraum saß? Es war schon etwas Besonderes, von Maxi namentlich begrüßt zu werden!

Im Flohzirkus wurden die kleinen Künstler erst an den weißen, massiven Armen der Besitzerin gelabt, dann begann die Show, bei der die Flöhe Wettrennen veranstalteten und winzige Wägelchen zogen oder in Ballettröckchen tanzten. Flohzirkus gibt es wohl keinen mehr. Vermutlich Nachwuchsmangel.

Ein Ringelspiel liebten wir besonders, weil die ganze Gesellschaft, alt und jung, regelmäßig gemeinsam darauf fuhr. Das war ein altmodisches Ding, mit Pferderln und Schweinderln, auf denen man reiten konnte (keinen lebendigen, versteht sich), wobei manche sich von oben nach unten schaukeln ließen, manche aber, und die waren schwieriger in Gang zu bringen, bewegten sich in der Horizontale.

Am lustigsten aber waren überdimensionale Töpfe und Pfannen, mit rotsamtenen Bänken im Inneren, die fünf bis sechs Personen Platz boten. Wenn sich das Ringelspiel in Bewegung setzte, fingen die Küchengeräte zu schaukeln an, und die Insassen wurden durcheinandergebeutelt. Einmal nun hinkte eine Tante, die ein krankes Knie hatte, zwar tapfer beim Praterbesuch mit, das Ringelspiel aber wollte sie nicht betreten. Das Knie machte ihr seit Wochen zu schaffen und widersetzte sich jeder Behandlung. Sie ließ sich aber schließlich doch überreden und sank seufzend auf das Bänkchen nieder. Kaum begann der Topf zu schaukeln, mußte sie gewaltig lachen, rutschte von der Bank auf den Boden, blieb bis zum Ende der Fahrt dort sitzen und lachte Tränen. Alle waren um das kranke Knie schon recht besorgt. Aber, als die Fahrt zu Ende war, stand sie auf, und der Schmerz war wie weggeblasen.

Wodurch wieder einmal bewiesen wäre, daß Lachen gesund ist.

Ja, es war recht fröhlich und gar nicht langweilig, damals, als es noch kein Fernsehen gab.

KLEIDUNG

Als ich noch ein Kind war, unterschied man bei uns zu Hause zwischen Alltags- und Sonntagsgewand.

Jedes Familienmitglied besaß ein „gutes Stück" neben der Kleidung für den täglichen Gebrauch. Die Wohnung war klein, die Kleiderkästen nach heutigen Begriffen winzig, auch das Einkommen war nicht groß; zu einer reichhaltigen Garderobe reichte es in mehrfacher Hinsicht nicht.

Der neue Anzug, das neue Kleid wurden sorgfältig gepflegt und geschont, nur an Sonn- und Feiertagen getragen, und wenn sie dann trotzdem ein wenig schäbig wurden, trug man sie wochentags zur Arbeit und schaffte seufzend ein neues „gutes Stück" an.

Mein Vater hat, solange ich mich erinnern kann, nie einen Anzug der ersten Garnitur (die sogenannte „Anserpanier", würde ich heute sagen) ins Büro getragen, immer nur den Alltagsanzug, der einstmals ein Sonntagsanzug gewesen war. Und kaum im Büro angelangt, vertauschte er das Sakko mit einem dort hängenden, noch älteren „Bürorock". Wenn Gefahr bestand, daß er schnell zum Chef mußte, versagte er sich zwar den Bürorock, streifte aber über das Sakko Ärmelschoner aus schwarzem Cloth, die meine Mutter vorsorglich genäht hatte.

Papa war kein Einzelfall.

Die Sitte, ins Büro einen tadellosen Anzug zu tragen, mit weißem Hemd und eleganter Krawatte, diese Sitte ist, so scheint mir, erst durch die Amerikaner zu uns gekommen. Seitdem ist es auch bei uns üblich geworden, im guten Anzug ins Büro zu gehen, und am Sonntag in alten, ausgebeulten Hosen und karierten Hemden die Freizeit zu genießen. Unsere Vorfahren würden sich wundern, könnten sie eine Familie von heute im „Freizeit-Look" sehen!

Die Sitten sind ja, auch was die Kleidung betrifft, lockerer geworden.

Seinerzeit war es selbstverständlich, ins Theater das beste Gewand anzuziehen, auch wenn es nur fürs Stehparterre war. Dort durfte man ohne Krawatte gar nicht hinein. Für die jungen Herren, die keinen Schlips umhatten, hielt man an der Abendkassa gegen geringes Leihgeld eine kleine Krawattenkollektion bereit, die Jünglinge mußten sich die entliehenen Krawatten eilends umbinden, während sie die Stufen zum Stehplatz hinaufrannten.

Heute ist man nicht mehr so streng, man toleriert

auf den Stehplätzen sogar Jeans und Ausschlaghemden, während im Parkett und in den Logen die langen Abendkleider und so mancher Smoking ihre Schlacht für die Festlichkeit eines Theaterbesuches schlagen.

Mein Vater hielt auf ordentliche Kleidung; modebewußt möchte ich ihn allerdings nicht nennen. Er trug sich so, wie es damals bei einem Bürger des Mittelstandes Brauch war. Der neue Anzug gehörte für den Feiertag, er konnte auch für einen seltenen Theaterbesuch verwendet werden. Frack und Smoking hat er nie besessen. Der Smoking, den er einmal im Leben, zur Hochzeit seiner Nichte, bei der er Trauzeuge war, tragen mußte, war aus einer Leihanstalt. An den Kampf mit dem Smokingmascherl erinnere ich mich noch heute. Dabei trug mein Vater gelegentlich auch im Alltag ein Mascherl statt der Krawatte! Aber ein Smoking-Mascherl wollte besonders elegant gebunden sein.

Weiße Hemden waren selten, er bevorzugte pastellfarbene, meist zart gestreifte (die schmutzten nicht so leicht). Selbstverständlich wurden sie von der Mutter gewaschen und gebügelt. Kragen und Manschetten trugen sich am leichtesten ab. Aber deswegen wurde ein Hemd noch lange nicht weggeworfen. Man entnahm dem unteren Teil des Hemdes ein Stück Stoff, nähte daraus einen neuen Kragen und neue Manschetten, und der fehlende Hemdenteil wurde durch ein Stück weißen Stoffes aus einem alten Leintuch ergänzt.

Die steifen Kragen, die weißen, die man in der Putzerei reinigen lassen mußte, kamen allmählich aus der Mode. Darüber waren alle Beteiligten froh — nur die Putzereien nicht —, denn schon das Anknöpfen dieses unnachgiebigen Marterkragens an das Hemd mittels zweier Knöpfchen, eins vorn, eins hinten, war schwierig genug. Der Vater wurde, wenn es ihm nicht gleich gelang, in aller Früh grantig, die Mutter eilte zu Hilfe, das Kragenknöpferl sprang davon, rollte unter einen Kasten, ich wurde gerügt: „Lach nicht so blöd, such lieber!", und der Haussegen hing schief. Auch das Tragen eines solchen Kragens war sicher kein Vergnügen, besonders im Sommer.

Ein Ausschlaghemd war nur im Urlaub gestattet, dazu trug der Vater kurze Leinenhosen oder gar eine Lederhose mit Hosenträgern. Die Hosenträger waren mit einem Edelweiß verziert und auch aus Leder. Im Gegensatz zu den Hosenträgern, die man zur normalen Hose trug; die waren aus Gummi, dezent gestreift. Gürtel wurden erst später modern, die meisten Herren schätzten sie nicht, da „saß" die Hose nicht richtig, und ohne Rock ging man ohnedies nicht, denn man hielt vom Scheitel bis zur Sohle auf Haltung.

Den makellosen Scheitel (damit die Frisur richtig

„saß", trug mein Vater in der Früh, während des Waschens, Rasierens und Frühstückens, ein Haarnetz) krönte ein „weicher" Filzhut. Einmal schaffte sich mein Vater in einer Anwandlung von Kühnheit einen „steifen" Hut an. Er hat ihn nur einmal getragen; weil meine Mutter und ich so unbändig lachten, hat er sich solche Eskapaden künftig versagt und verfiel in das andere Extrem: er wollte sich von seinem Hut, den er besonders liebte, überhaupt nicht mehr trennen. Der Hut, ein dunkelgrauer langhaariger Filz, war schon abgegriffen, das Futter speckig, das Band fleckig, das ganze Stück eine Kulturschande. Wie wird doch der Unterschied zwischen Verliebtheit und Liebe definiert? „Verliebtheit ist das Gefühl einer Frau für den Hut, den sie gerne haben möchte, Liebe ist das Gefühl eines Mannes für den Hut, den er hat."

Ja, mein Vater liebte seinen Dunkelgrauen. Alles Zureden, sich einen neuen zu kaufen, nützte nichts, er trug den alten justament weiter, trotzig wie ein kleiner Bub.

Da verbündeten wir uns, meine Mutter und ich, kauften ihm zum Geburtstag einen neuen und verbrannten das antike Stück heimlich im Ofen.

Damals habe ich meinen Vater das erste Mal wirklich wütend gesehen.

Die Socken wurden mit Sockenhaltern aus Gummi, die man unter dem Knie befestigte, gehalten,

Kniestrümpfe kamen erst später in Mode. Bei winterlichem Wetter trug der Herr lange weiße Unterhosen, die mit Bändern am Knöchel gebunden wurden und manchmal indiskret aus der Hose hervorlugten.

Über den Schuhen trug der elegante Herr im Winter Gamaschen, sogenannte „Flohdackerln", sie waren aus Filz, seitlich geknöpft, und hielten warm. Wenn es regnete, zog man schwarze Gummigaloschen über die Schuhe.

Alle die kleinen Utensilien der damaligen Herrenmode waren beliebte Geschenke, die der beklagenswerte Familienvater regelmäßig auf seinem Gabentisch vorfand. Haarnetze, Krawatten, Mascherln, Hosenträger, Sockenhalter und Flohdackerln waren die meinem Budget entsprechenden Geschenke. Meine Mutter verstieg sich zu Hemden, Unterhosen und weißen Nachthemden, kragenlosen, mit rotem oder blauem Börtel am Halsausschnitt.

An Besonderheiten in der Kleidung meiner Mutter kann ich mich nicht recht erinnern. Als junge Frau, wie ich sie von Photos her kenne, trug sie über dem Mieder (ein Mieder war nicht unangenehm, versicherte sie mir später, im Gegenteil, es gab einem einen gewissen „Halt") eine gestärkte Bluse zum bodenlangen Rock, sie besaß auch einen Hut, groß wie ein Wagenrad, der mit langen Haarnadeln in ihren üppigen Haaren festgesteckt wurde — wer hat heute noch so üppigen Haarwuchs? — später tauchte ein Topfhut auf, randlos, einem Bienenkorb ähnlich und äußerst unkleidsam.

Damit war Schluß mit den Extravaganzen. Im Matronenalter, das damals schon nach dem ersten Kind kam, trug sie eine Reihe von Filzhüten, die einander alle ähnlich sahen: solide Kopfbedeckungen ohne Anspruch auf modischen Pfiff, die warmhielten und sich öfter umformen ließen. Zu diesem Zweck empfahl sich eine Modistin auf der Hernalser Hauptstraße, die auch immer noch aufgesucht wurde, als wir schon längst in Mariahilf wohnten.

Die Kleider fielen nicht auf, wie auch meine Mutter nicht auffallen wollte. Manches war selbstgenäht oder bestenfalls von unserer Schneiderin, der Frau Stöhr, angefertigt.

Die Jacken waren selbstverständlich selbstgestrickt, darin war meine Mutter Meisterin, sie wurden immer wieder aufgetrennt und umgestrickt, denn das Stricken war das einzige Steckenpferd, an das ich mich bei ihr erinnern kann. Es ließ sich so leicht mit der Sparsamkeit verbinden, die ihr zur zweiten Natur geworden war.

Meine Mutter war von Kind auf kurzsichtig und mußte Brillen tragen. Eine Zeitlang trug sie einen „Zwicker", der ohne Bügel nur auf der Nase festsaß und dort unschöne Spuren hinterließ. Und einmal, in einer Anwandlung von Eitelkeit, hat sie sich von ihrem Mann ein Lorgnon schenken lassen, ein silbernes, das trug sie zu einem Theaterbesuch zusammengeklappt in der Handtasche und ließ die Brillen daheim, klappte im Theater das Lorgnon auf und konnte damit das Programm lesen. Das Lorgnon habe ich heute noch, leider aber nicht mehr das dunkelgraue samtene Abendtascherl, das selbstgenähte. Aber ich habe noch eine Nickeluhr mit Nickelarmband, die hat sie sich erst wenige Jahre vor ihrem Tod gekauft. Vorher hat sie nie eine Uhr besessen und ist doch nie zu spät gekommen, war immer ein Muster an Pünktlichkeit und hat dieses Zeitgefühl mir und später ihrem Enkel fürs Leben anerzogen.

Es versteht sich fast von selbst, daß ich die Nickeluhr meiner Mutter weitertrage, denn auch ihren Sinn für Sparsamkeit scheint sie mir vererbt oder anerzogen zu haben.

Daß man meinen Kleidervorrat auf das Nötigste beschränkte, gebot die Vernunft. Ich war im Wachsen, und jüngere Geschwister, die meine Garderobe auftragen konnten, gab es nicht.

Als Kleinkind bekam ich meist Gewand zu tragen, das meine Mutter unter Anleitung der Tante aus alten Kleidern selbst genäht hatte. Das war für den Alltag, für das Spielen zu Hause. Das Sonntagsgewand wurde zwar auch selbst genäht, aber aus neuem, eigens zu diesem Zweck gekauften Stoff, für das Matrosenkleid etwa oder das lavendelblaue

Samtkleid. Bevor ich in die Schule kam, wurde diese Regel durchbrochen, und man kaufte mir zwei — sage und schreibe zwei — „fertige" Kleider, eines aus rot-weiß gemustertem, das andere aus blau-weiß gemustertem Waschstoff. Ich kam mir besonders schön vor, und der erste Schultag gewann eine überhöhte Bedeutung durch die Tatsache, daß ich nun zwei nagelneue Kleider besaß.

Die Kleider mußten geschont werden, deshalb trugen die Mädchen in der Schule Schürzen über dem Alltagsgewand (die schönen neuen Kleider durfte ich ohnehin nur ganz selten tragen). Gegen die Schürzen habe ich mich erst erfolgreich wehren können, als ich der Volksschule entwachsen war, früher nicht.

Die Buben brauchten keine Schürzen, die glücklichen, die trugen ihre alten, schmierigen, speckigen Lederhosen, denen auch der Schulschmutz nichts anhaben konnte, die durften sogar ihre Tinten- und Schmalzbrotfinger daran abwischen, und die Hosen vertrugen es glänzend. Ich habe die Buben immer um ihre Lederhosen beneidet.

Gut möglich, daß meine Sehnsucht nach Gleichberechtigung dort ihren Anfang nahm.

Die Frau Lehrerin schonte ihre Kleider ebenfalls, sie trug einen Arbeitsmantel aus schwarzem Cloth, der oft mit Kreide bestaubt war. Und die Hände hat sie sich in einem kleinen Waschbecken gewaschen, das Wasser tröpfelte aus dem darüberliegenden Behälter durch einen winzigen Hahn, denn Fließwasser gab es natürlich nicht im Klassenzimmer.

Wenn es kalt war — und es war oft kalt in jenen Wintern — mußte ich über dem normalen Unterzeug noch eine wollene Gamaschenhose tragen, sie wurde so über die Schuhe gezogen, daß der Steg an der Sohle das Hinaufrutschen verhinderte. Und bei winterlichen Exkursionen mußte ich auch noch Schneeschuhe darüber anziehen, die waren aus festem, imprägniertem schwarzem Tuch, hatten Gummisohlen, waren mit einer Schnalle zu schließen und wurden sogar manchmal mit Zeitungspapier ausgestopft, damit ich mir nur ja nicht die Zehen erfrieren müßte, beim Schlittenfahren etwa, oder wenn wir zum Schaulaufen zum Engelmann gingen, um Karli Schäfer zu bewundern, wenn er elegant den „Mond" lief.

Als junges Mädchen trug ich dann über die Straßenschuhe Überstiefel aus Tuch mit Zippverschluß, im Theater zog man sie aus und gab sie in die Garderobe.

Neulich, als ich die Mädchen beobachtete, die sich vor meiner alten Schule versammelten, um in den Schikurs zu fahren, alle in papageienbunten Anzügen und ebenso bunten Schuhen, mit denen sie daherkamen wie Bewohner von einem anderen Stern, mußte ich an meine erste Schiausrüstung denken.

Damals kam man zum Schilaufen nur im „Norwegeranzug", Hose, Jacke und Schirmmütze, alles in Dunkelblau. Da es mich störte, dermaßen uniformiert daherzukommen, erstand man für mich nach langem Suchen (ich durfte schon mitreden bei der Auswahl meiner Garderobe) einen Norwegeranzug in Schokoladebraun. Die Jacke ging bis zur Taille, war zweireihig geknöpft, darunter trug man warme Unterwäsche und einen Pullover. Fiel man in den Schnee, was häufig genug vorkam, geriet der Schnee zwischen Jacke und Hose, wo er schmolz, so daß man um die Mitte herum immer ein bißchen feucht war. Die Hosen waren geräumig geschnitten, sonst konnte man ja nicht in die Hocke gehen, sie fielen pumphosenartig über den Schuhrand, und damit der Schnee nicht in die Schuhe eindrang, umwickelte man Schuhe und Hose in Knöchelhöhe mit bunten Bandagen im Norwegermuster. Die Schuhe waren aus Leder, sahen wie Bergschuhe aus, nur hatten sie an der Unterseite keine Nägel wie die „Tscheanken", dafür aber am Rand Metallbeschläge, damit sie gut in die Bindung paßten. Die Schischuhe wurden sorgfältig eingefettet, mit einem Spezialöl, auch die Sohle, was das Eindringen der Feuchtigkeit verhindern sollte. In meine Stiefel drang sie trotzdem ein, ich hatte ständig nasse Füße, und es war gar nicht leicht, die Schischuhe und die dicken Wollsocken über Nacht trocken zu bekommen. Auch die Fäustlinge, die von der Mutter gestrickten, und sogar die Überfäustlinge aus Segeltuch, die angeblich wasserdichten, waren am Abend klitschnaß.

Zugunsten der Schischuhe ist allerdings zu sagen, daß man in ihnen nicht nur schilaufen, sondern auch gehen konnte, was heutzutage unmöglich ist.

Als Krönung der sportlichen Erscheinung trug ich die dazupassende Norwegermütze, mit Schirm und Ohrenklappen, unter denen meine Zöpfe lustlos hervorbaumelten.

Ebenso lustlos ging ich der Ausführung dieses Sports nach. Lag es an meinem mangelhaften Können oder an der scheußlichen Ausrüstung, daß ich dem Schilaufen nicht allzuviel abgewinnen konnte?

Heute beschränkt sich meine Beziehung zum Schilaufen nur mehr auf das Fernsehen, und trotzdem habe ich noch immer, wenn ich im warmen, trockenen Zimmer in Hausschuhen vor dem Fernsehschirm sitze, ein unbehagliches Gefühl von „Angepampft-Angezogen-Sein" und feuchtkalten Händen und Füßen.

Als Teenager (das Wort kannte man allerdings nicht, man sagte „Backfisch") träumte ich von zauberhafter Garderobe, von extravaganten Abendkleidern und breitrandigen romantischen Hüten.

Träumen durfte ich, und mir meine Traummodelle entwerfen und zeichnen nach Herzenslust. Das war aber auch schon alles. An die Verwirklichung modischer Träume war nicht zu denken. Die Stoffe wurden immer rarer. Wenn man Glück hatte, bekam man hie und da einen Bezugschein auf ein Kleid, einen Mantel oder ein Paar Schuhe. Da mußte man aber hartnäckig oder raffiniert sein und die Leute vom zuständigen Amt, der „Kartenstelle", davon überzeugen, daß man nur mehr in Lumpen und barfuß ginge und daher der Bedarf wirklich dringend sei. Was man dann auf einen solchen Bezugschein erstehen konnte, entsprach freilich keinem der modischen Wunschträume.

Die alten Bestände an Textilien wurden immer wieder umgeändert. „Ich laß den alten Fetzen frisch besetzen" war zwar ein Lied aus angeblich besseren alten Zeiten, wurde aber im Krieg wieder sehr aktuell. Änderungsschneiderinnen waren sehr gefragt und hatten Hochkonjunktur.

Hochkonjunktur hatte auch ich. Ich wurde von meinen Freundinnen mit Aufträgen überhäuft, ihnen neue Modelle zu entwerfen, damit die Woprschalek oder wie immer sie hieß, wußte, wie sie den alten Fetzen frisch besetzen sollte. Das konnte ich gut und tat's auch gern. (Besonders kühn waren meine Entwürfe allerdings erst nach dem Krieg, als uns Herr Dior die neue Linie bescherte, beinahe knöchellang. Da mußten oft zwei oder drei alte kurze Kleider herhalten, um die vorgeschriebene Länge zu erzielen.)

Man besaß ein Theaterkleid — meines war aus schwarzem Samt. In diesem Kleid habe ich Jahre später maturiert und fünf Jahre danach geheiratet. Was man in der Schule trug, war gleichgültig.

Es werden wohl Röcke und Blusen und Pullover gewesen sein, und im Sommer Dirndl, Dirndl, nichts als Dirndl. Dirndl waren damals „in". Wir befanden uns bekanntlich in der „Blut-und-Boden"-Zeit. (Ich habe Jahrzehnte gebraucht, um mir wieder ein Dirndlkleid anzuschaffen).

Zum Dirndl gehörte der Hubertusmantel, ein unendlich haltbares, praktisches, aber scheußliches Kleidungsstück. Meiner war hellbeige, geschnitten wie ein Sack und hatte eine Kapuze zum An- und Abknöpfen. Mit dem heute so beliebten feschen „Lodenlook" hatte dieses von mir gehaßte Monstrum nichts zu tun. Dann hatte ich noch einen braunen Wintermantel mit braunem Pelzkragen. Als der Stoff schon sehr schäbig war, wurde der Mantel gewendet und war wie neu.

Meine Freundin hatte ein ähnliches Stück in Weinrot, mit Fuchskragen. Wir trugen's mit Humor und machten einander bei jedem Zusammentreffen Komplimente über die „reizenden Modelle".

Zu einem romantischen Florentinerhut (etwa wie ihn Greta Garbo in der „Kameliendame" trug) habe ich es natürlich nie gebracht. Zum braunen Wintermantel trug ich eine braune Pullmannkappe. Einen dunkelblauen Filzhut hatte mir die Hernalser Modistin aus einem alten Hut meiner Mutter „umgeformt", der klebte wie ein Heiligenschein am Hinterkopf und hielt nur mittels eines unterm Kinn durchgezogenen Gummischnürls. Der kam mir so elegant vor, daß ich ihn zum Vorsprechen im Burgtheater, diesem so überaus bedeutsamen, herzklopfenerregenden Ereignis, aufsetzte und vor Aufregung auch aufbehielt, als ich mir einen großen tragischen Monolog auf dem direktorialen Teppich herunterschluchzte.

Daß sich für uns junge Mädchen von damals in unserer gräßlichen Aufmachung trotzdem junge Männer interessierten — kaum zu begreifen.

Von Sex-Appeal konnte keine Rede sein.

Aber vermutlich legte man damals keinen so großen Wert darauf.

FRISUREN UND MAKE-UP

Nicht nur die Kleidung, auch die Frisur hat sich im Lauf der Zeit sehr verändert.

Den üppigen Haarwuchs pflegten die Damen damals, so wird erzählt, durch tägliches ausdauerndes Bürsten vor dem Schlafengehen. Am nächsten Morgen wurden die Haare geflochten und hochgesteckt, ein „Nest" hat das meine Mutter genannt, oder man trug die Flechten in Schnecken über den Ohren; das hat sie sich aber bald abgewöhnt, als sie im Büro zum Telefonfräulein avancierte.

Um Haaren, die es nötig hatten, den Anschein von Fülle zu geben, wurden sie gekreppt, dazu gab es ein eigenes Kreppeisen. Ich kenne es nur aus Erzählungen und aus einem Modejournal für junge Mädchen, das ich erst neulich in die Hand bekam. Es scheint, daß das Kreppen wieder modern wird.

Um glattes Haar mit hübschen Wellen zu versehen, wurde es onduliert, mit der metallenen Ondulierschere. Das Ondulieren war besonders wichtig, als die Zöpfe fielen und nach dem Ersten Weltkrieg der „Bubikopf" aufkam.

Die Tini-Tante, die modischste meiner Familie, schaffte sich ihrem Bubikopf zuliebe sogar eine Vorrichtung in der Küche an, auf der sie das Onduliereisen besonders leicht und praktisch erhitzen konnte, ein an der Wand befestigtes Gestänge, mit Öffnungen, aus denen das Leuchtgas strömen konnte. Man zündete es an, legte die Ondulierschere, meist „Brenneisen" genannt, darauf, wartete ein Weilchen, dann konnte die Verschönerungsarbeit beginnen. Vorsichtshalber probierte man den Wärmegrad zuerst an einem Stück Papier aus, bevor man sich an das Haupthaar traute.

Trotzdem roch es nach einer Frisierstunde immer ein bißchen nach versengtem Haar.

So ein Gerät fand man sonst nur beim Friseur. Die normale Hausfrau legte das Eisen auf die Flamme des Gasrechauds und erhitzte es.

Aber der Tini-Tante war das nicht modern genug.

Später erfand man die Dauerwelle, und das Ondulieren kam aus der Mode. Heute müssen die Friseurlehrlinge es zwar noch immer lernen, aber können tut es kaum mehr einer.

Mir wurden, als ich schon langes Haar und keinen Pagenkopf mehr trug, vor der Kommunion und vor dem Umgang die Haare mit Zuckerwasser gesteift, mit Zeitungspapier auf Wuckerln gedreht, auf denen mußte ich die ganze Nacht schlafen, und dann machte meine Mutter Stoppellocken daraus. Vor der Firmung tat dies der Friseur, allerdings ohne Zuckerwasser. Das Resultat war um nichts schöner.

Als ich vierzehn war und noch immer Zöpfe tragen mußte, lechzte ich nach Haarabschneiden und Dauerwellen.

Endlich hatte ich meinen Eltern die Erlaubnis abgerungen. Einen vollen Nachmittag verbrachte ich beim Friseur — damals dauerte das so lange — und kam selig im Schmuck meiner neuen Frisur, einer „Englischen Rolle", einer Rolle nach außen, zum Unterschied von einer Innenrolle, die man ein paar Jahre später trug, nach Hause. Die Zöpfe schwenkte ich beglückt in der Hand. (Übrigens: die Außenrolle kommt wieder, neulich hat sie mir meine Friseurin als letzten Schrei angedreht . . .)

Dauerwellen waren damals eine wahre Tortur.

Zuerst wurden die einzelnen Haarsträhnen mit Gummiplatten versehen, die lagen am Kopf an und sollten die Kopfhaut isolieren. Dann wurden die Haare auf kleine Wickler gerollt, die hatten an jedem Ende einen Steckkontakt. Auf die Wickler drückte man ein spezielles Papier, auf das Papier wurde eine Metallklammer gezwickt, dann wurde jeder Kontakt mittels Stecker an den elektrischen Strom angeschlossen. Man sah aus wie ein Medusenhaupt. Der Strom, der durchfloß, erhitzte die wehrlosen Haare. Nun kam es auf die Geschicklichkeit des Friseurs an, die richtige Zeitdauer zu erwischen, damit die gewünschte Wirkung erreicht wurde. Hatte man Pech, entwickelte sich eine Negerkrause, die nicht zu frisieren und nicht zu entfernen war, es sei denn, man rasierte die ganzen Haare bis auf die Kopfhaut ab. Es soll Fälle gegeben haben, wo ein unerfahrener Friseur, wenn er das Medusenhaupt abräumte, von der Haarpracht seiner Kundin überhaupt nichts mehr vorfand, weil alles abgesengt war. Das war dann ein Fall für den Rechtsanwalt.

Ich hatte Glück, ging aus der Prozedur zwar mit heftigen Kopfschmerzen, aber mit wunderschöner Frisur hervor.

Mitten im Krieg gab es wieder einmal eine völlig neue Haartracht, man nannte sie die „Entwarnungsfrisur": alles hinauf!

Man steckte die Haare hoch, trug den Nacken frei und die Löckchen hochgetürmt oder in die Stirn. Damals, im Tausendjährigen Reich, sah man dies als progressiv und frivol an. In unserer Schule wurde eine junge Professorin, die sich mit Hochfrisur zum Unterricht traute, von der gestrengen und sehr linientreuen Frau Direktor allen Ernstes aufgefordert, sich in der Pause umzufrisieren.

„Frau Kollegin, machen Sie sich eine *anständige* Frisur!"

Mit geschminkten Lippen und lackierten Nägeln in die Schule zu kommen, war für Schülerinnen und Lehrerinnen gleichermaßen verboten.

So streng waren damals die Bräuche.

Meine Mutter hat zeit ihres Lebens keinen Lippenstift besessen. Manchmal, höchst selten, hat sie ein wenig Puder verwendet, wenn die Nasenspitze glänzte. Das freilich nur bei einem Theaterbesuch oder ähnlichen festlichen Ereignissen, wenn sie sich „schön" machte. Zum Schönmachen gehörte auch das Nägelpolieren. Dazu gab es einen Polierstein, gelegentlich auch ein Pulver, damit wurden die Nägel eingerieben und dann hingebungsvoll mit etwas Weichem (war es ein Rehhäutel?) poliert, bis sie glänzten.

Es versteht sich von selbst, daß meine Mutter kein Parfum verwendete. Sie war mehr für gründliches Waschen. Höchstens ein Fläschchen Kölnischwasser durfte man ihr schenken, „4711" oder „Tosca", das hat sie sogar manchmal verwendet. Aufgehoben hat sie es meist im Wäschekasten. Statt Lavendel.

Ich hatte zwar den Kampf um Zöpfeabschneiden und Dauerwellen nach zähem Ringen gewonnen, Lippenstift durfte ich natürlich noch lange nicht verwenden. Wir, meine Freundinnen und ich, schwindelten uns mit Lippenpomade durch das Labyrinth elterlicher Verbote. Lippenpomade war zur Pflege rissiger Lippen erlaubt. Nun gab es damals außer der unschuldig farblosen auch eine sündhaft rötlich getönte; die haben wir gekauft und verwendet, wenn wir ausgingen. Man hat sie beim Weggehen im Haustor aufstreichen und beim Nachhausekommen im Haustor wieder abwischen müssen.

Mein erstes Parfum hieß „Soir de Paris", in einem dunkelblauen Fläschchen. Wie es mir zugekommen ist, weiß ich nicht mehr. Vermutlich hat es mir irgendein eingerückter Jugendfreund aus Frankreich geschickt. Es duftete sündhaft süß, wie ich mir eben einen Duft aus Paris vorstellte. Ich habe es ganz, ganz sparsam und andächtig verwendet, als einen Hauch der großen weiten Welt, von der wir damals nur träumen konnten.

Wimpern zu tuschen war natürlich bei mir zu Hause streng verpönt. Trotzdem habe ich mir einmal — ich muß damals schon siebzehn oder achtzehn gewesen sein — in einem Anfall von Kühnheit Wimperntusche gekauft.

Ich wollte damals besonders schön sein, denn es stand mir ein Bühnenauftritt bevor. Ich sollte bei einem Bunten Abend meinen Vater bei einem Geigensolo am Klavier begleiten und auch selber ein paar Gedichte vortragen (keine eigenen, die gab es damals noch nicht).

Die Wimperntusche war eine Art schwarzer Stein. Man mußte daraufspucken und dieses Gemisch mit einem kleinen Bürstchen auf die Wimpern auftragen.

Das tat ich denn auch. So verschönt bin ich mit Herzklopfen vor meine Eltern hingetreten.

„Tu das schwarze Zeug weg!" hat meine Mutter gegrollt.

Zum Abschminken war es zu spät.

„Laß sie halt!" hat mein Vater gesagt, nachsichtig und liebevoll. Vermutlich war er auf seine große Tochter stolz.

Unser Auftritt war ein Erfolg.

Und ich kam mir unerhört schön vor. Im schwarzen Samtkleid, mit getuschten Wimpern, rosa Lippenpomade.

Und über all dieser Pracht ein paar Tropfen Soir de Paris.

DAS STAMMBUCH

Neulich habe ich beim Umräumen mein Stammbuch gefunden. Ich hatte es von meinem Vater zu
Weihnachten bekommen, da war ich neun. Vermutlich hat eine in meiner Klasse damit angefangen,
und dann mußten natürlich alle eines haben. Plötzlich kreisten die Stammbücher, jeden Tag bekam ich
ein anderes mit nach Haus, da grübelte man dann
über ein passendes Sprücherl nach, zeichnete ein
paar Blümchen dazu oder auch ein Herz, und lieferte
es am nächsten Tag seiner Besitzerin etwas verlegen
ab. Es durften sich nur die besten Freundinnen darin verewigen, die Lehrerin und der Herr Katechet.
Und natürlich die Eltern.

Mein Stammbuch war besonders elegant, in hell-
braunes Leder gebunden, die Seiten mit Goldschnitt. Es stand nicht etwa „Stammbuch“ drauf,
oder „Poesie“. Mein Stammbuch wirkte durch sich
selbst.

Auf der ersten Seite lese ich mit Rührung ein Gedicht, das mein Vater zum Geleit mit schöner, zügi-
ger Schrift geschrieben und auch selbst gedichtet hat,

ernst und herzlich, mit tadellosen Reimen, die nur ein ganz klein bißchen hinkten. Dann folgte nach einer Reihe leerer Seiten in respektvollem Abstand meine Mutter. Die machte es kurz: „Sei stark im Leid zu jeder Zeit!"

Meine geliebte Lehrerin durfte nicht fehlen, auch sie hat ein tiefempfundenes Gedicht geschrieben, in makelloser Kurrentschrift. Daß sie dichten konnte, wußte ich bereits, weil sie meine gereimten Schularbeiten in Reimen zensuriert hatte. Daß es mein Vater konnte, kam überraschend.

Die Tini-Tante bescherte mir einen moralischen Spruch, den sie vermutlich aus einem Wunschbüchlein abgeschrieben hatte. Meine erste Englischlehrerin machte mich auf die Schattenseiten des Lebens aufmerksam: „Into each life some rain must fall, some days must be dark and dreary", die Handarbeitslehrerin mahnte mich in Versen, zu anderer Glück beizutragen, und auch mein gestrenger Klavierlehrer wies auf künftigen Schmerz hin:

„Nicht dem Unglück, noch dem Glücke
gib dahin dein ganzes Herz:
eine Träne halt im Glücke
und ein Lächeln dir im Schmerz."

Was für eine schöne Handschrift die Leute damals hatten!

Der Herr Katechet hob ebenfalls warnend den

Zeigefinger: „Gott und deine Seele — daran denke stets!"

Die auserwählten Mitschüler, die Lester-Frieda, die Nemec-Heli und der Weinheimer-Bruno, nicht zu vergessen die Hermann-Hermi, sie alle bezogen ihre altkluge Lebensweisheit aus dem unentbehrlichen Wunschbüchel, etwa:

„Bedenke o Mädchen
noch bist du ein Kind
bedenke der Eltern Lehre,
bedenke was dir beide sind
und halt sie stehts in Ehre! (es steht wirklich
„stehts" mit h in meinem Stammbuch!)
Und wenn du einst am stillen Abend
sinnend in das Album blickst,
und du hast das Blatt gefunden,
oh, so denk an mich zurück."

Was hiemit geschehen ist.

Gegen die steifen Moralsprüche wirkt das klassische „Vergißmeinnicht ruft es so zart, vergessen sein ist gar so hart" direkt wie ein Labsal. Und ein mit Buntstiften in die rechte obere Ecke gezeichnetes Vergißmeinnicht-Sträußchen krönt das Werk.

In der Mittelschule ging es schon etwas fröhlicher zu. Zwar schrieb der Lateinprofessor „Beatius est dare quam accipere", und die Frau Direktor „Per aspera ad astra!" (schließlich waren wir ja in einem Humanistischen Gymnasium), aber unsere geliebte

Naturgeschichtslehrerin verewigte sich nur mit „Zum freundlichen Meingedenken!", und unsere Klassenbeste zeichnete mir einen dicken Koch, der einen riesigen Guglhupf trägt, umrankt von einem Strauch, aus dem Kipferln, Schaumrollen, Indianerkrapfen und Brezeln wuchern, und sie schrieb darunter:

„Ein Guglhupf mit viel Zibeben,
so wünsch ich dir, sei stets dein Leben!

Die letzte Eintragung, die schlichteste von allen, stammt aus dem Jahre 1938 und enthält nur die Unterschriften aller meiner Mitschülerinnen. Dreißig Namen.

Im nächsten Schuljahr fehlten sechzehn davon.

Aus den inzwischen aufgelösten Klosterschulen kamen neue hinzu. Aber da war ich dem Stammbuchalter bereits entwachsen.

Ich habe angenommen, daß die Kinder von heute für die Poesiealben nichts mehr übrig haben und daß das Stammbuch als ausgestorben betrachtet werden kann.

Doch neulich wurde ich eines Besseren belehrt.

Als ich bei Bekannten zur Jause geladen war, präsentierte mir der Sohn des Hauses, ein bißchen pickelig und verlegen, siebzehnjährig und Lehrling in einer Metallgießerei, sein Stammbuch, damit ich ihm etwas Sinniges hineinschreibe.

Ich war so perplex, daß ich nur Unsinniges schreiben konnte. Das Stammbuch ist, so scheint es, nicht umzubringen.

DAS TAGEBUCH

Außer einem Stammbuch bekam man als junges Mädchen manchmal auch ein Tagebuch geschenkt, elegant in Leder gebunden, in Goldschnitt, mit einem zierlichen Schloß samt Schlüsselchen, wegen der Geheimhaltung.

Tagebucheintragungen waren etwas Geheimes, das niemanden Unberufenen etwas anging.

Ich kritzelte meine Herzensergüsse lieber in Taschenkalender, Jahr für Jahr. Das war billiger. Taschenkalender besaßen allerdings keine Absperrvorrichtung. Ich hatte mir daher eine Art Bilderschrift zurechtgelegt, vielleicht, um Platz zu sparen, vielleicht, um Unberufenen das Verständnis zu erschweren, sollte jemand meine Aufzeichnungen zu lesen versuchen.

Es muß zur Zeit meiner ersten Liebe gewesen sein, da hatte ich schmerzerfüllt meinem Kalender anvertraut, daß ich nie wieder zu SEINER Familie auf Besuch gehen und IHN nie wieder sehen wolle, weiß der Kuckuck, warum. In meinen Hieroglyphen nahm sich das vermutlich etwas zweideutig aus: „Nie wieder!!!" Und dann kam mein persönliches Zeichen für Haus, Wohnung, Familie — ein kleines stilisiertes Häuschen, wenn ich mich recht erinnere.

Zu allem Unglück stöberte meine Mutter in meinen Sachen und fand den Kalender. Sie stöberte vermutlich in mütterlicher Besorgnis, weil ihr meine pubertäre Veränderung aufgefallen war und sie den Grund dafür finden wollte. Sie dürfte meine naive Eintragung gründlich mißverstanden haben und beging einen schwerwiegenden Fehler: sie stellte mich zur Rede.

Ich verstand eigentlich nicht, was sie meinte und warum sie so böse war.

Sehr wohl aber verstand ich, daß da ein Einbruch in meine Privatsphäre stattgefunden hatte.

Das habe ich meiner Mutter nie verziehen.

Von nun an wurde ich stachelig wie ein Igel. Mit dem Vertrauen war es vorbei.

Bald darauf gab es in der Schule Stenografieunterricht. Der machte mir Freude, ich übte eifrig, und von nun an schrieb ich meine Kalendernotizen in Einheitskurzschrift. Meine Mutter hatte nie Stenografie gelernt, mein Vater nur die Gabelsberger, ich fühlte mich also sicher vor familiären Einsichtnahmen.

Ich muß dieses Tagebuch lange Zeit weitergeführt haben. Vor einigen Jahren habe ich ein paar

Taschenkalender gefunden, die Zeit 1939 bis 1945 betreffend, über und über mit vergilbter Stenografie (Einheitskurzschrift) vollgeschrieben.

Ich habe das meiste entziffern können, mit Herzklopfen, muß ich gestehen. Habe versuche, das Rad der Zeit zurückzudrehen und mir selber zuzusehen — kleines Mädchen im großen Krieg.

Merkwürdig, was einem das Gedächtnis für Streiche spielt, wie anders man manche Ereignisse in Erinnerung hat, als einem solche schriftliche Dokumente beweisen; seltsam, wie große Weltereignisse in einem kleinen Leben einen überaus banalen Niederschlag finden.

Interessant, merkwürdig, seltsam.

Aber auch ein bißchen peinlich.

Bald bin ich mir wie ein Voyeur bei mir selbst vorgekommen. Daher habe ich diese Büchlein ad acta gelegt (natürlich nicht weggeworfen, es handelt sich ja um Zeitdokumente, außerdem bin ich ein Tandelkramer).

Seither habe ich gelegentlich wieder zum Tagebuchschreiben angesetzt, es gibt Fragmente aus dem „Tagebuch einer werdenden Großmutter" und aus dem „Tagebuch einer werdenden Pensionistin", ohne Stenografie, ohne Geheimschrift, für jeden einsehbar, aber eben nur Fragmente.

Jetzt bin ich wieder zu den Kalendern zurückgekehrt und führe ein lückenloses — ja, was denn nur? Ich registriere Termine, Telefonate, Einladungen, Reisen. Man braucht das für die Steuer.

Emotionen, falls vorhanden, registriere ich nicht mehr.

Aber wenn ich ein Strafmandat bekommen soll wegen Schnellfahrens, kann ich an Hand meines Tagebuchs nachweisen, daß ich an dem bewußten Tag zur bewußten Stunde gar nicht dort, sondern ganz woanders war.

Und das erspart mir etliche hundert Schilling.

Herzensergüsse? Wer braucht die heutzutage?

DAS GRAMMOPHON

Ich habe nie eines besessen. Bei uns zu Hause wurde die Musik seinerzeit noch „live" betrieben.

Ein Radio hatten wir allerdings schon sehr früh, zuerst einen Detektor mit Kopfhörern, später dann ein Gerät mit Lautsprecher, das genügte für den Alltag.

Am Sonntag allerdings, wenn wir zur Jause bei der Tante eingeladen waren — und das war noch eine Jause, mit selbstgebackener Cremetorte und Schokolade zum Trinken und auf alles einen üppigen Gupf Schlagobers, und auch der noch gezuckert — der guten Tante verdanke ich meinen lebenslänglichen Abscheu vor Schlagobers, vor allem gezuckertem —, an einem solchen Sonntag, und nach einer solchen Jause, konnte ich mich an einem Grammophon erfreuen.

Das war ein unförmiges Ding mit einem gewaltigen Trichter; es wurde noch nicht mit Strom betrieben, sondern man mußte es „aufziehen", gelegentlich die Nadel wechseln, die Stahlnadeln wurden in einer Blechschachtel aufbewahrt und viel zu selten erneuert, deshalb kratzten und krächzten die Platten zum Erbarmen. (Der alte Schlager „Ich hab zuhaus ein Gra-, ein Gra-, ein Grammophon" gab das lautmalerisch korrekt wieder.) Die Lautstärke konnte nicht eingestellt werden, man konnte sie nur dämpfen, indem man ein Tuch in den Trichter stopfte.

Wir, mein Cousin, der Fritzl, und ich, hätten uns dem Musikgenuß lieber mit voller Lautstärke hingegeben, aber da protestierten die Erwachsenen, die sich im Nebenzimmer unterhalten wollten — „stellts doch den Grammophon ab!" (denn auf gut Wienerisch hieß es nicht „das" Grammophon sondern „der" Grammophon). So stopften wir den Trichter mit Staubtüchern aus und tanzten dann zu leiser Musik.

An die Platten kann ich mich nicht mehr erinnern, wohl aber, daß uns das Tanzen großes Vergnügen machte. Bald waren wir aufeinander eingetanzt und probierten Figuren aus, immer wieder neue, die wir selbst erfanden. Der Nachmittag verging viel zu schnell.

Bei meinen Kindheitsfreunden, den Baar-Kindern, gab es auch ein Grammophon, bereits ein modernes Koffergerät ohne Trichter. Die Plattenauswahl war allerdings noch recht begrenzt, ich kann mich nur erinnern an „Ich tanze mit dir in den Himmel hinein", das war damals gerade in Mode. Diese Platte spielten wir besonders gern. Sie hatte nämlich einen

84

Sprung und blieb bei einer gewissen Stelle hängen: „in den siebenten Himmel der L… der L… der L…", so lange, bis man der Nadel einen Stupser gab und so der Platte die vollständige Liebe entriß, was uns immer unendlich erheiterte.

Die zweite Platte, an die ich noch gern denke, war ein Werbegeschenk der Firma Abadie, Zigarettenpapier und Hülsen, enthielt auf der einen Seite im Marschtempo die Aufforderung „Rauch Abadie!" und auf der anderen den köstlichen „Wuzelwalzer" mit dem Text „Wuzeln, wuzeln, wuzeln, des is halt mei Freud, wuzeln, wuzeln, wuzeln tan heut alle Leut!"

(In jenen Tagen mußte man beim Rauchen noch sparsam sein und den Tabak, den man in der Trafik kaufte, in Papier drehen oder in Hülsen stopfen, hiezu gab es eigene Stopfmaschinen. Ganz Sparsame rauchten Tabak aus Zigarettenstummeln, den „Tschicktabak".)

Vergaß man, das Grammophon aufzuziehen, wurden die Umdrehungen langsamer, die helle Sopranstimme der Lilian Harvey wurde allmählich zum Baß — und auch das hat uns sehr gefallen. Solche Freuden kann uns der elektrisch betriebene Plattenspieler, der das gute alte Grammophon verdrängt hat, nicht mehr bieten.

DIE FRAU PROFESSOR

Wenn ich könnte, würde ich ihr ein Denkmal setzen. Das müßte in der Rahlgasse stehen, vor dem „Rahlbeisel", wie wir unser Schule respektlos, aber liebevoll zu nennen pflegten.

Ja, liebevoll.

Wir sind nämlich gerne in die Schule gegangen, meine Freundinnen und ich, und haben am Lernen Freude gehabt. Es ist uns auch nicht schwergefallen. Von „Streß" und „Leistungsdruck" war nie die Rede, überfordert fühlte sich keine. Wir kamen auch ohne Nachhilfe aus; hätte sich ein zusätzlicher Unterricht als notwendig erwiesen, wären wir von den Eltern stillschweigend aus der Schule genommen und in eine andere gegeben worden, die unserer Begabung besser entsprach.

Daß man sich gegenseitig ein bisserl aushalf bei der Vorbereitung zur Matura, war selbstverständlich. Und wenn man sich *bei* der Matura ein bisserl aushalf, so hat das auch niemandem geschadet. In jener fernen Zeit gab es ja noch keinen „Konkurrenzkampf" in einer Klasse, wie es ihn angeblich heute gibt. Damals waren wir noch so etwas wie eine „Gemeinschaft". (Nur mit der Parallelklasse vertrugen wir uns nicht besonders.)

Für unsere Lehrkräfte war der Beruf eine Berufung, sie widmeten ihm ihre ganze Kraft und ihre ganze Zeit. Daß jemand daneben noch einer anderen Beschäftigung, einem Zweitberuf nachgegangen wäre, war undenkbar. Und daß Professoren nebenbei Nachhilfestunden gegen teures Geld gegeben hätten, war zu meiner Zeit nicht üblich. Für die Nachhilfe der wenigen, die es nötig hatten, zogen die Eltern, die es sich leisten konnten, eine Mitschülerin oder, wenn es hoch herging, eine Studentin heran.

Aber ich wollte ja von der K. erzählen.

Sie hatte wenig Monumentales an sich, auch nichts Anmutiges. Auf einem Denkmalsockel würde sie keine gute Figur machen, und es wäre ihr auch sicher nicht recht, so erhoben zu werden. „Wolln wir gar net hörn! Wolln wir gar net hörn!" sagte sie ja oft, wenn ihr ein schlecht ausgesprochenes Vokabel schmerzhaft im Ohr klang. Und sich selbst in einem Denkmal verewigt zu sehen, das möchte sie bestimmt auch „gar net hören".

Aber sie wird auch ohne Denkmal nicht in Vergessenheit geraten, dazu hat sie zu viele Jahrgänge unterrichtet, in Latein, in Griechisch und Englisch, in der Oberstufe.

Ihre Fachkenntnisse waren hervorragend.

Nur mit der Pädagogik haperte es.

Wenn sie wenigstens ein gewinnendes Äußeres gehabt hätte! Aber ihr Gesicht sah immer verquollen und gerötet aus, die Haare trug sie kurz geschnitten, sie waren glatt und strähnig, die Jackenkleider, die sie bevorzugte, hingen formlos an ihr herunter, modisch war sie kein Vorbild. Ihr Aussehen schien sie jedoch wenig zu kümmern, und auch ihrer Umgebung schenkte sie kaum Beachtung. In ihrer Verlorenheit der Welt gegenüber war sie ein wahres Fressen für junge, lachlustige Mädchen. Man konnte sie herrlich zum Narren halten, und die Aussprüche, mit denen sie reagierte, wurden sehr belacht und durch Generationen von Schülerinnen weiter überliefert.

Doch bald verlor auch die boshafteste Klasse die Lust an solchen Späßen. Die K. ärgerte sich nämlich nicht darüber, das verringert bekanntlich den Reiz beträchtlich. Sie übersah und überhörte die Lausbübereien. Nicht aus pädagogischen Gründen, sondern weil sie sie nicht wichtig fand, nicht wahrnahm.

Es war kein Unterricht im üblichen Sinn, den sie erteilte, es war Interpretation, Deutung, Aufzeigen von Zusammenhängen. Es wurden keine Vokabel gedrillt, keine Konjugationen gepaukt, weil das die K. langweilte. Grammatik gab es nur in kleinen Quantitäten, um Platz für das Eigentliche zu lassen.

Wer nicht mitkonnte oder nicht mitwollte, blieb

auf der Strecke. Die K. kümmerte sich nicht darum. Sie brannte darauf, in ihre Welt zu gelangen, die Welt der Römer, die Welt Homers, die Welt der englischen Dichter.

Privatleben schien die K. keines zu besitzen.

Aber auch sie war einmal jung gewesen, obwohl man sich das kaum vorstellen konnte, sie war geliebt worden und hatte geliebt — man denke, die K.! —, doch nach einer raschen Kriegstrauung war ihr Mann aus dem Feld nicht mehr heimgekehrt. So wurde jedenfalls erzählt.

Doch trotz dieses tragischen Schicksals fühlten sich die Schülerinnen nicht zu ihr hingezogen. Es verstärkte eher noch den Abstand, der zwischen Lehrerin und Schülerinnen bestand.

Eine Literaturstunde bei der K. war ein besonderer Genuß, war eher einem Hochschulvortrag vergleichbar als einer Schulstunde.

Nur wenige wußten das zu schätzen, die meisten verdösten ihren Unterricht, aber das machte der K. nicht viel aus, solange sie in ihren Gedankengängen nicht gestört wurde.

Mir und ein paar Gleichgesinnten haben die Stunden bei der K. den Zugang zu den Sprachen und zur Literatur sehr erleichtert. Manchmal gab es sogar während des Unterrichts ein fachliches Gespräch zwischen uns, ein „Kolloquium", das allen Beteiligten gleichermaßen Freude machte.

Daß ich ihr Fach für meine mündliche Matura wählte, ergab sich von selbst, und daß ich versuchte, ihr Ehre zu machen, war auch selbstverständlich.

Aber erst die Maturafeier bot Gelegenheit zu einem persönlichen Gespräch. Vorher hatten wir noch kein privates Wort gewechselt. Um so überraschter war ich, und um so beglückter, als ich feststellte, wie gut sie mich eigentlich kannte, welche Gedanken sie sich über meinen künftigen Lebensweg gemacht hatte.

An jenem Abend hatte ich das Gefühl, in ihr eine mütterliche Freundin gefunden zu haben.

Als ich allerdings eine Woche später in die Schule ging, um die K. zu besuchen und ihren Rat einzuholen, begegnete ich einem leeren, verständnislosen Blick.

Die K. hatte mich nicht wiedererkannt.

DER MUSIKTEPP

Bis vor wenigen Jahren war die „Rahlgasse" eine reine Mädchenschule. Das andere Geschlecht hatte darin nichts verloren. Auch der Lehrkörper war weiblich. Bis auf den Religionsprofessor, aber der zählte ja nicht.

Erst in der Oberstufe wurde uns für den Musikunterricht ein junger und außerdem gutaussehender Professor zugeteilt. Er gefiel uns sehr, was wir durch besonders rüpelhaftes Benehmen zu kaschieren suchten. Er nahm es gelassen hin und behandelte uns ebenso ruppig. Das dürfte pädagogisch genau richtig gewesen sein. Wir folgten ihm willig zur „Matthäuspassion" in die Augustinerkirche, entdeckten auf einmal, wie interessant Richard Wagners Opern oder Mozarts Symphonien waren. Wenn er uns Platten vorspielte, stellte er uns vorher anheim, das Musikzimmer zu verlassen: „Wen es nicht interessiert, der soll auf den Gang gehen, ich bin niemandem bös deswegen!" Merkwürdig: keine ist jemals hinausgegangen. Er studierte auch schwierige mittelalterliche Chöre mit uns ein. Ich übte die dritte Stimme heimlich zu Hause am Klavier, um vor ihm bestehen zu können. Was tut man nicht alles aus Liebe . . . Das bescheidene Musikverständnis, das mir beschieden ist, verdanke ich zum größten Teil ihm.

Wir nannten ihn „Musiktepp". Freilich hätten wir „Musiknarr" sagen können, aber das war uns zu zahm. „Tepp" entsprach eher unserem Gefühl rauher Zärtlichkeit für ihn.

Es war sicher nicht leicht, in einem Haus voller Weiblichkeit der einzige Mann zu sein, und ein attraktiver noch dazu. Manchmal flüchtete er in die Loge des Schulwarts, um dort wenigstens fünf Minuten lang in männlicher Gesellschaft eine Zigarette rauchen zu können.

Bei der Feier nach glücklich bestandener Matura legten wir uns besonders ins Zeug, um unsere Maturazeitung wirkungsvoll vorzutragen. Der Musiktepp saß dabei und lachte Tränen über uns „originelle Käuze", wie er uns nannte.

Zum fünfzehnjährigen Maturajubiläum kamen wir wieder zusammen, im Café Casapiccola, das es damals noch gab.

Aus der Schar häßlicher junger Entlein waren nicht gerade Schwäne, aber doch recht anziehende junge Frauen geworden, mit Beruf und Familie. Jede hatte sich zu ihrem Vorteil verändert. Man konnte sich modischer kleiden als seinerzeit, Parfum und

Make-up waren nicht mehr verboten, und zu einem solchen Anlaß trägt ja jede Frau ihr Bestes.

Auch manche Lehrerin war gekommen, seltsam unverändert, eine Spur älter freilich, aber durch die Schulluft konserviert. Die Frau Ordinaria hatte ein Photoalbum mitgebracht, zeigte Bilder herum und konnte sich an jede Einzelheit erinnern. Wie oft hatten wir ihr das Leben sauer gemacht mit unseren Späßen. Sie trug nichts nach, sondern schien sich zu freuen, daß wir sie nicht vergessen hatten.

Der Musiktepp kam etwas später, als die Gespräche schon in vollem Gang waren.

Bei seinem Auftritt stockten sie für eine Sekunde. Der Raum war auf einmal voll prickelnder Spannung. Was ein einziger Mann ausmachen kann!

Er sah noch immer gut aus, hielt sich aufrecht, hatte seine Figur gehalten. Seine Augen waren noch immer sehr blau und blitzten noch immer ironisch, als würde ihn alles außerordentlich belustigen. Das bißchen Grau an den Schläfen, die Lachfalten um die Augen, alles kleidete ihn gut.

Die Gespräche wurden lebhafter, man scherzte, plänkelte, flirtete sogar ein bißchen. Jetzt waren wir ja erwachsen, ihm ebenbürtig, vielleicht sogar überlegen — ein berauschendes Gefühl.

In das Durcheinander des Aufbruchs sagte der Professor ganz beiläufig, er habe noch eine Karte frei für ein Konzert am Abend. Welche der Damen hätte wohl Lust, mit ihm zu kommen? Damals in der Schule hätten wir wohl alle gebrüllt: „Ich! Ich!" und uns gebalgt um die Karte und den Abend an seiner Seite. Inzwischen waren wir reifer und klüger geworden. Man dachte an die Arbeit, die zu Hause wartete, an den Mann, dem das nicht recht wäre, man hielt nicht mehr viel von Musik, man war nicht passend angezogen.

Und alle lehnten höflich lächelnd und ein wenig verlegen ab, ich natürlich auch.

So ist er allein weggegangen.

Sein Gang war straff wie damals. Und wie damals haben wir ihm alle bewundernd nachgesehen.

Die leise Kindersehnsucht im Herzen war schnell abgeschüttelt.

Dann sind wir lachend auseinandergegangen.

Der Musiktepp ist nie wieder bei einem Klassentreffen erschienen. Oder haben wir ihn nie mehr eingeladen?

SCHICKSALSSCHLÄGE

Meine Kindheit kann man rückblickend als „sonnig" bezeichnen. Ich wurde behütet, geliebt und nach bestem Wissen und Gewissen erzogen. Geprügelt wurde ich selbstverständlich nie, höchstens „rutschte" meiner Mutter gelegentlich „die Hand aus". Wenn ich es verdiente, wie sie meinte. Unverdient und unverschuldet, wie ich fand.

Warum mußte ich, wenn wir zum Spaziergang das Haus verließen — ich frisch gewaschen und in strahlendes Weiß gekleidet, denn Weiß war damals für das bessere Kleinkind die einzig mögliche Farbe — sofort stolpern und in die nächste Wasserlache fallen? Worauf meine Mutter zu „kochen" begann, mich nach oben in die Wohnung zerrte und frisch einkleidete. Daß es dabei ein paar „Dachteln" setzte, ist klar. Ich wußte das und gab ganz besonders acht, wohin ich trat. Aber immer wieder stolperte ich im unrichtigen Moment. Es war zum Verzweifeln.

Wenn wir auf der Straße eine Bekannte trafen, blieb meine Mutter zu einem kleinen Plausch stehen. Ich langweilte mich, das Gespräch nahm kein

Ende, auf mein leises Ziehen an der mütterlichen Hand erfolgte keine Reaktion, da begann ich zu weinen, und schon war die Reaktion da. „Wart, bis wir zu Hause sind!" zischte sie, brachte mich im Laufschritt heim, damit ihr schöner Zorn nicht vor der Zeit verrauchte. Und dann kam das Strafgericht über mich, mit Donner und Blitz, mein Hinterteil brannte mich gehörig, dort, wo der Blitz eingeschlagen hatte, denn meine Mutter schrieb eine gute Handschrift.

Solche Vorfälle haben natürlich meinen Glauben an die Gerechtigkeit und Güte der Erwachsenen sehr früh ins Wanken gebracht.

Viel schlimmer als „Pracker" (so hieß das bei uns) war das Einsperren ins finstere Zimmer.

Einmal, wir wollten uns gerade zum Nachtmahl niederlassen, kamen unverhofft Onkel und Tante auf Besuch. Meine Mutter raunte noch schnell meinem Vater zu: „Ausgerechnet jetzt müssen sie kommen, wenn wir essen wollen!" Dann machte sie sich an eine heuchlerisch-freundliche Begrüßung.

Der Besuch zog sich in die Länge, unsere Magen begannen zu knurren.

Da ergriff ich in kindlicher Unschuld die Initiative und sagte: „So gehts doch endlich nach Hause, damit wir Nachtmahl essen können!"

Aus und geschehen! Meine Eltern sperrten mich sofort ins finstere Zimmer: „Dir wird deine Frechheit schon vergehen!" Und sie verlangten auch noch, daß ich mich bei Onkel und Tante entschuldigen sollte! Das verweigerte ich energisch und saß lieber schlotternd und heulend im finsteren Zimmer, rabenschwarze Finsternis auch im Herzen. Die Wut, die ohnmächtige Wut besiegte die Angst. Mich dafür zu bestrafen, daß ich ausgesprochen hatte, was beide ja vorher gesagt hatten!

Und da heißt es immer, Kinder hätten ein leichtes, unbeschwertes Leben!

Die erste richtige Ohrfeige meines Lebens, es war schon eher eine „Watschen", habe ich allerdings von einem Wildfremden bekommen.

Damals war ich fünfzehn und alt genug, um zu Silvester das erste Mal allein ausgehen zu dürfen. Eine Schulfreundin hatte ihren Eltern die Erlaubnis abgerungen, ein paar Mädchen aus ihrer Klasse einladen zu dürfen. Wir wurden köstlich bewirtet, um Mitternacht erschien die Mama mit einem Tablett duftender, frischer Faschingskrapfen, der Papa machte uns, Kavalier der alten Schule, den Hof, es gab sogar Sekt zu trinken. Wir kamen uns sehr erwachsen vor.

Aber der Knalleffekt sollte noch kommen.

Lange nach Mitternacht verabschiedeten wir uns und gingen nach Haus. Zu Fuß. Zuerst von der Köstlergasse, wo wir geladen waren, in die Theobaldgasse, in der ich zu Hause war. Meine Freundinnen gaben mir das Geleit. Wir wandelten zu viert oder fünft durch das nächtliche Wien, vom ungewohnten Sekt animiert, unter Scherzen und Kichern und Geblödel, wie es diese Altersstufe eben mit sich bringt.

Auf einmal, wir waren schon in der Theobaldgasse angelangt, kam ein junger Mann auf uns zu und wollte mich küssen. Ich fand dieses Ansinnen sehr ungebührlich, fühlte mich in meiner jungfräulichen Ehre gekränkt und tat etwas, was gar nicht damenhaft war: ich holte aus und „zischte" ihm eine.

Aber der junge Mann war leider kein Kavalier. Statt diese Niederlage schweigend einzustecken und sich beschämt zu trollen, wie ich es erwartet hatte, „rieb" er ebenfalls auf und haute zurück. Dann erst ging er.

Ich stand wie versteinert. Die Pullmannkappe war mir vom Hinterkopf gefallen. Meine Freundinnen hatten das Weite gesucht, wo sie aus sicherer Entfernung die Szene verlegen kichernd beobachteten. Mir blieb nichts anderes übrig, als meine Kappe an mich zu raffen und die elterliche Wohnung zu erklimmen. Den Rest der Neujahrsnacht verbrachte ich damit, mir im Badezimmer möglichst geräuschlos kalte Umschläge auf meine geschwollene Backe zu machen. Denn wenn meine Eltern den Schaden gemerkt hätten — nie wieder hätte ich allein fortgehen dürfen!

Ich habe ihnen daher nie etwas von dem Vorfall erzählt.

Aber es war mir nicht ganz wohl in meiner Haut. „Das Jahr fängt ja gut an!" sagte mir mein Inneres. „Ein böses Omen . . ."

Mein Inneres hatte recht. Im selben Jahr brach der Krieg aus.

Das Erwachsenwerden ist eben nicht leicht, und im Krieg war es besonders schwierig. Junge Männer waren Mangelware. Was in unseren Kreisen vom anderen Geschlecht zur Verfügung stand, waren entweder reife Herren oder knospende Jünglinge.

Ich war zwar oft eingeladen, besonders bei meiner rothaarigen interessanten Freundin, Sproß aus ehrsamem Bäckerhaus, dort war man sehr gastfreundlich und es ging auch immer lustig zu. Eines Nachmittags waren wieder ein paar junge Leute aus der Schauspielschule dort versammelt, wir rauchten, träumten von einer steilen künstlerischen Karriere und wären auch gerne ein wenig verrucht gewesen, das hätte doch gut zum Künstlerleben gepaßt, wie wir es uns vorstellten.

Aber wie sollten wir das anfangen?

Von der Liebe hatten wir nicht viel Ahnung, und es fehlte ja auch an geeigneten Objekten zum Studium. Aber da gab es doch dieses berühmte Stück von Grillparzer, „Sappho". Dem war zu entnehmen, daß Liebe auch zwischen Frauen möglich war.

Was sie seinerzeit auf Lesbos angestellt hatten, würden wir doch ebenfalls fertigbringen.

Wir saßen ratlos nebeneinander, meine Freundin und ich. Probeweise versuchten wir ein paar Küsse. Eigentlich fanden wir's ekelhaft oder doch nicht sehr aufregend. Irgend etwas machten wir anscheinend falsch. Wir konnten aber niemanden konsultieren, denn die jungen Herren hatten einer nach dem andern das Zimmer verlassen, taktvoll, wie wir meinten. Die schöne Lisa, der unser Tête-à-tête ebenso unbehaglich war wie mir, erhob sich, um nach den andern zu sehen.

Auf einmal ertönte von draußen ein markerschütternder Schrei, der einer Charlotte Wolter alle Ehre gemacht hätte.

Was war geschehen? Ich fand eine gebrochene Lisa vor, die immer nur verzweifelt stammelte: „Die Torte, die Torte für den General!"

Lisas Bruder war damals als Soldat dem General H. zugeteilt, in Wien, zitterte aber immer unter dem Damoklesschwert einer Versetzung an die Front. Die Familie wollte das Schicksal günstig beeinflussen und bereitete zu diesem Zweck für das Geburtstagsfest des Generals eine kleine Anerkennung in Form einer großen, wunderbaren, üppigen Torte vor, was in jenen mageren Zeiten ein recht kostbares Geschenk darstellte.

Dieses Prachtstück, von dem sozusagen Wohl

und Wehe des Stammhalters abhing, harrte im Eiskasten der feierlichen Übergabe.

Und während wir beide unsere tastenden erotischen Versuche absolvierten, hatten die jungen Herren die Torte im Eiskasten entdeckt und gierig verschlungen.

Die Familie war außer sich, und die jungen Missetäter bekamen Hausverbot.

Der Sohn des Hauses mußte trotzdem nicht an die Front und lebt heute noch gesund und in Freuden als mehrfacher Großvater. Aber der General H. hatte, ohne es zu wissen, mein Liebesleben wesentlich beeinflußt. Nix war's mit Lesbos.

BERUFE

Mein Firmpate war Perlmutterdrechsler. Er erzeugte, in besseren Zeiten mit einem Gehilfen, in schlechteren Zeiten allein, in seiner kleinen Werkstatt an einer Maschine Knöpfe und Schnallen aus Perlmutter. Seine Frau saß im Vorraum und nähte die Knöpfe mit der Hand auf silberglänzende Kärtchen auf.

Seinerzeit war die Perlmutterdrechslerei ein recht gutes Geschäft, es hat zwar keine Reichtümer, aber doch einen gewissen Wohlstand eingebracht, auch einen kleinen Garten auf dem Wilhelminenberg, das hatte damals nicht jeder. Eingebracht hatte es ihm auch einen Ausschlag auf Armen und Händen, vom Perlmutterstaub. Als das Galalith aufkam, ließ das Geschäft nach, der Kunststoff begann dem edlen Material Konkurrenz zu machen. Den großen Durchbruch des synthetischen Materials hat er zum Glück nicht mehr erlebt. Und wenn ich mich nicht sehr irre, ist dieses Gewerbe völlig ausgestorben.

Wie so viele andere Berufe, an die ich mich aus meiner Kindheit noch erinnern kann.

Denken Sie noch manchmal an den „Fetzenbanermann"?

Gesehen habe ich ihn nie, nur gehört. Er kam ins Haus und schrie im Hausflur seine Anwesenheit aus, und wer Fetzen und Knochen loswerden wollte, brachte sie ihm hinunter. Angeblich hatte er einen Sack, in den er auf Verlangen der Mütter auch unartige Kinder stecken konnte. Ich blieb ihm also vorsichtshalber fern und hörte den langgezogenen Ruf nur mit Gruseln.

In den Stock hinauf kam hingegen der Rastelbinder und bot sich an, etwaige Löcher in Reindeln und Pfannen zu flicken. Er erledigte die Reparatur gleich im Haus, setzte einen metallenen Fleck auf das Loch, lötete ihn fest, und dann war das Gefäß wieder dicht. Wer wird denn wegen eines einzigen Lochs gleich ein neues Reindel kaufen!

Den Rastelbinder gibt es heute nur mehr als Operettenfigur.

Hingegen treibt sich noch hie und da ein Scherenschleifer in den Häusern herum, der stumpfe Messer und Scheren wieder scharf macht auf seinem Schleifstein. Ich habe ihn allerdings schon lange nicht mehr gesehen.

Der Handeljud, der „Handlee", wie ihn meine Mutter nach seinem Rufen nannte, kaufte Altwaren in den Häusern zusammen. Altwarenhändler gab es während des Krieges kaum mehr, denn da war das älteste Gerümpel noch wertvoll, und man trennte sich nicht davon. Nach dem Krieg konnte man sich allmählich neue Möbel, neues Geschirr und neues Haushaltsgerät anschaffen und das ausgediente wegwerfen. Heute aber, im Wohlstand, schwelgt man in Nostalgie und kauft den alten Plunder, den man noch vor ein paar Jahren als wertlos weggeworfen hat, um teures Geld zurück. Jetzt gehen von neuem Händler um und suchen altes Zeug zu kaufen, reißen sich um Entrümpelungen und Auflösungen von Hinterlassenschaften, die Trödlergeschäfte schießen aus dem Boden, und der Flohmarkt blüht. Der „Handlee" ist wieder auferstanden.

Ein hochbegehrtes Objekt für den eigenen Garten, aber kaum mehr zu bekommen, ist eine alte Gaslaterne. Natürlich leuchtet sie heute dem glücklichen Besitzer elektrisch. Ich aber kann mich noch gut an die echten Gaslaternen erinnern, auf der Alszeile, und an den Mann, der sie allabendlich anzünden mußte, den Laternanzünder. Den gibt es nur mehr im Lied.

Als ich meinen Buben noch in den Burggarten spazierenführte, hat es dort zwei Respektpersonen gegeben: den Parkwächter und die Sesselfrau. Der Parkwächter war einarmig und allgegenwärtig. Er wachte darüber, daß niemand in den gepflegten Rasen trat, daß die Buben nicht mit dem Rad fuhren, nicht Fußball spielten und auch sonst nicht durch ungebührliches Geschrei die Parkbesucher belästigten. Dem Parkwächter zu entkommen war ein beliebtes Spiel, das den Reiz des Parkbesuchs für die Kinder sehr erhöhte.

Auf den Bänken durfte man gratis sitzen, nicht aber auf den metallenen, grüngestrichenen Sesseln. Für die Benützung eines solchen — es gab welche mit und ohne Armlehnen — mußte man einen bescheidenen Betrag entrichten. Die Sesselfrau, nicht mehr jung, mit Schürze oder Arbeitsmantel angetan, machte regelmäßig die Runde durch den Park, sie hatte ein Geldtäschchen umhängen, kassierte und reichte einem gleichzeitig einen Zettel, einen numerierten, riß ihn auch noch ein, damit er nicht etwa nochmals verwendet würde. Eine Stunde durfte man sitzen. Längeres Sitzen war nur mit Aufzahlung gestattet. Schwarzsitzen war kaum möglich, denn die Sesselfrau kam eifrig kontrollieren.

„Lehnsesselkarte. Diese Karte ist unübertragbar und berechtigt zur einmaligen ununterbrochenen Benützung eines Leihsessels. Das Belegen der Sessel ist nicht gestattet."

So lautete der Aufdruck; ich habe neulich noch eine alte Sesselkarte als Lesezeichen in einem Buch gefunden.

Eines Tages wurde die lächerliche Sessel-Benützungsgebühr abgeschafft. Und damit natürlich auch die Sesselfrau.

Ob es noch einen Parkwächter gibt?

Das Radfahren ist den Kindern zwar immer noch verboten, aber gegen die Autos, die gelegentlich durch den Park fahren, hat niemand etwas einzuwenden.

Es wird viel gebaut in unseren Tagen, aber Mörtelfrauen gibt es keine mehr. „Meuterweiber" nannte man sie, weil sie den „Meuter", den Mörtel, anrührten in großen Schaffeln und ihn dann auf dem Kopf an die gewünschte Stelle trugen. Damit das Tragen und Balancieren leichter vonstatten ging, hatten sie auf ihrem Kopftuch einen ringförmigen Stoffwulst befestigt, da konnte das Schaff darauf ruhen.

Auch die Maurerfrauen, die ihren Männern zu Mittag das Essen im Reindel zum Bau brachten, sind in unserer Wohlstandszeit aus dem Stadtbild verschwunden. Die Maurer können sich ihr Mittagessen im Wirtshaus oder beim Fleischhauer kaufen, und die Maurerfrauen sind vermutlich selbst berufstätig, verdienen ihr eigenes Geld, müssen nicht jeden Kreuzer dreimal umdrehen und fahren auf Urlaub nach Mallorca, wenn sie nicht gerade mit dem Bau eines eigenen Hauses beschäftigt sind.

Auch die „Kabskutscher", die in zweirädrigen, von einem Pferd gezogenen Karren Baumaterial führten und sich durch einen besonders ordinären „Spruch" auszeichneten, gibt es nicht mehr.

Dem Wohlstand ist auch die Straßenmusik zum Opfer gefallen. In der Notzeit sind die arbeitslosen Burschen zu zweit oder zu dritt durch die Gassen und Höfe gezogen, mit Ziehharmonika oder Gitarre, man hat ihnen ein paar Groschen, in Papier gewickelt, aus dem Fenster zugeworfen. Erwischen durften sie sich nicht lassen von der Polizei, denn „Betteln und Hausieren" war ja streng verboten.

Dann gab es noch die Einmann-Kapelle: ein behäbiger älterer Mann saß auf einem Stockerl, spielte Ziehharmonika, gleichzeitig auf einer vor dem Mund durch ein Gestell gehaltenen Mundharmonika, wenn er den Kopf bewegte, klangen die auf dem Hut befestigten Glocken, am Unterarm hatte er einen Schlegel festgeschnallt, mit dem konnte er die Pauke, die er auf dem Rücken trug, schlagen, und das darüber angebrachte Triangel bediente er durch eine Schnur, die an seinen Schuh gebunden war.

Den echten Werkelmann von anno dazumal gibt es nicht mehr, die Werkeln sind im Museum gelandet oder bei Sammlern. Einen solchen Sammler kann man gelegentlich noch auf der Straße ein altes Werkel spielen sehen, ein Werkelmann aus Liebhaberei sozusagen, und als Attraktion für die Fremden behördlich gefördert. (Die Pseudo-Werkelmänner, die vor Geschäften zu Werbezwecken ihr Werkel drehen, sind nicht als Werkelmänner zu betrachten, ihr Werkel birgt in seinem Inneren kein Spielwerk, sondern ein Tonband, und die Kurbel, die sie drehen, ist eigentlich überflüssig.)

Einen Musikmacher sehe ich noch gelegentlich, meist bei der Unterführung Babenbergerstraße, einen alten Mann mit weißem Spitzbart, der Knöpferlharmonika spielt und dazu mit dünner Falsettstimme singt. Dem geht es gar nicht so sehr ums Geld, kommt mir vor, er spielt und singt vor sich hin, als ob es zu seiner eigenen Unterhaltung wäre.

In den letzten Jahren ist die Straßenmusik wieder stark im Kommen, junge Leute musizieren an öffentlichen Plätzen oder in der Fußgängerzone, kleine Spenden werden gern angenommen, die Musik betreiben sie vorwiegend zu ihrem eigenen Vergnügen, aber nicht immer zum Vergnügen der Anrainer. Und so muß gelegentlich die Polizei einschreiten.

Gibt es beim Heurigen noch den Chinesen, der Papierblumen verkauft?

Gibt es noch eine Modistin, bei der man Hüte umformen lassen kann?

Eine Schneiderin, die ins Haus kommt und alle Näharbeiten erledigt, die gerade anfallen, für die ganze Familie?

Eine Repassieranstalt, in der man Laufmaschen in den Strümpfen wieder beseitigen lassen kann?

Einen „Puppendoktor", der kaputte Puppen repariert?

Und gibt es noch einen Dienstmann?

In jenen Zeiten, als die Fluggesellschaften noch die Abfertigung der Fluggäste in den Stadtbüros vornahmen, und die Autobusse von dort zum Flughafen fuhren, hat es beim Hotel Bristol zwei Dienstmänner gegeben, Überbleibsel aus der alten Zeit, wo der Dienstmann viel beschäftigt und unentbehrlich war.

Der eine hatte ein bäuerlich gerötetes Gesicht und wäre nicht weiter von Bedeutung gewesen, wenn es von ihm nicht geheißen hätte, daß sein Sohn die damals gefeierte Ljuba Welitsch geheiratet habe und er somit Schwiegervater eines internationalen Opernstars wäre.

Mir stand der andere näher, Anton Junker hieß er, den hatte ich richtig ins Herz geschlossen. Er war klein und zart, hatte ein zerknittertes Gesicht und einen kleinen Schnauzbart, und es war ihm nicht anzusehen, daß er genug Kraft hatte, schwere Koffer zu transportieren, wie es früher zu seinen Pflichten gehört hatte. Zu meiner Zeit allerdings mußte er das Gepäck der Flugpassagiere höchstens noch vom Taxi ins Büro zur Waage tragen und dann nachher im Autobus verladen. Dafür bekam er dann ein kleines Trinkgeld und keine feste „Tax" mehr wie in früheren Zeiten.

Aber er nahm es mit seinen Pflichten sehr genau, war immer pünktlich zur Stelle, wenn er gebraucht wurde, zog artig vor der Kundschaft sein Kappel und war auch uns Angestellten gegenüber von ausgesuchter Zuvorkommenheit.

Ich habe mich immer gern mit ihm unterhalten.

„Na, Herr Junker, wie war's denn früher?" versuchte ich ihn zum Erzählen aufzufordern.

„Schön . . ." meinte er versonnen.

„Stimmt das, was man so hört, daß ein Dienstmann so etwas wie ein Vertrauter war, der Brieferln hat bestellen müssen und Blumen bringen und . . .?"

„Ja, freilich, das stimmt alles!" bestätigte er verschmitzt.

„Haben Sie nie dran gedacht", bohrte ich weiter, „ein Buch über Ihre Erlebnisse zu schreiben? Sie brauchten nur einem Journalisten zu erzählen, was Sie erlebt haben, der tät das dann aufschreiben für Sie!"

Er sah mich groß und ernsthaft an. „Ah, des geht net!"

„Warum denn nicht?"

„Weil — die erste Pflicht des Dienstmanns ist nämlich Diskretion!"

Diesem hochdeutsch geäußerten Leitsatz ist er treu geblieben und hat nichts ausgeplaudert von den Geschichterln, die er wußte. Seinen Erinnerungsschatz hat er mit ins Grab genommen.

DIE HAUSMEISTERIN

Als wir in den dreißiger Jahren nach Mariahilf
übersiedelten, waltete in dem feinen Haus (nur zwei
Wohnungen per Stockwerk) als wahre Meisterin die
Pauline Gigl. Sie beherrschte es vom Keller bis zum
Dachboden, war Tag und Nacht anwesend und
dank eines Guckfensters an ihrer Eingangstür über
alles Kommen und Gehen bestens informiert. Das
machte mich am Anfang ganz nervös, obwohl ich ja
nichts zu verbergen hatte. Aber von Hernals her
war ich die Haberl gewöhnt, die nur einmal in der
Woche die Stiegen weißigte, den Waschküchen- und
Bodenschlüssel in Verwahrung hatte, ansonsten aber
nicht in Erscheinung trat.

Die Gigl hingegen ließ es einen deutlich merken,
daß sie die Hüterin des Hauses war. Kaum hatte
man die Eingangstür hinter sich geschlossen, bewegte sich der Vorhang bei der ihren, ein Auge erschien
hinter dem Guckloch, dann wurde die Tür aufgeris-
sen und Frau Pauline erschien zur Begrüßung mit
einem schrill vorgebrachten „Grüaß di Gott, Her-
zerl!"

Manchmal trat sie auch von hinten, von der Kellerstiege her auf, aus dem Halbdunkel, was besonders unheimlich war. Die durchdringenden Grußworte blieben allerdings gleich.

Frau Gigl war eine kleine, schmächtige Person, immer in Bewegung, immer tätig, immer in Arbeitskleidung mit Schürze und Kopftuch. Das Haus mußte schließlich nicht nur bewacht, sondern auch saubergehalten werden, das verlangte die Standesehre einer zünftigen Hausmeisterin.

Von einem Herrn Gigl war nie die Rede, der hatte vermutlich schon das Zeitliche gesegnet. Nur eine Tochter war noch vorhanden, die ihre erste Blüte schon längst hinter sich hatte und sich „Loli" nannte, eine dünnbeinige, vollbusige Dame mit Goldzähnen und Goldhaar, wobei ich die Echtheit des letzteren ein wenig bezweifeln möchte.

Loli hatte den Hausmeisterstand weit hinter sich gelassen und arbeitete als Angestellte einer Versicherung. Und als sie an die Fünfzig war, hat sie sogar geheiratet, das machte die Damenhaftigkeit erst vollkommen. Erwin war zwar ein wenig kleiner als sie, kein Adonis und machte sich nicht viel aus Frauen. Er statierte gelegentlich beim Film und trug das Seine zur Haushaltsführung bei, es war eine durchaus glückliche Verbindung. Die beiden wohnten im selben Haus wie Frau Gigl, im Mezzanin.

Loli war außerordentlich geschäftstüchtig. Von

ihr wird erzählt, daß ihr einmal ein Reklametäfelchen in der Straßenbahn auf den Oberschenkel gefallen sei. Es versteht sich, daß Loli einen Prozeß anstrengte, die Straßenbahn wegen „verminderter Heiratsfähigkeit" klagte, und den Prozeß gewann! An ihrer Tüchtigkeit kann somit nicht gezweifelt werden.

Nach dem Tod der Pauline Gigl, der letzten Hausmeisterin von echtem Schrot und Korn, begann für unser Haus eine Leidenszeit. Die Hauswarte — „Hausmeister" sagte man damals nicht mehr — die Hauswarte wechselten in rascher Folge.

Manche waren besser, manche waren schlechter, manche waren unerträglich. Hausbesorger aus Berufung waren sie alle miteinander nicht. Diesen Posten hatten sie nur der damit verbundenen Wohnung wegen angenommen. Die Wohnung, unter dem Straßenniveau gelegen, war und ist, nach dem heutigen Standard, zwar ungesund, muffig und unzumutbar; aber die Wohnungsnot war groß, und so fand sich doch immer jemand, der bereit schien, die Pflichten eines Hausbesorgers zu übernehmen, solange er nur ein Dach über den Kopf bekam.

Die meisten arbeiteten in einem anderen Beruf außer Haus, es gab niemanden, der tagsüber nach dem Rechten sah.

Eine Hausbesorgerin, die hauptberuflich Schneiderin war, schien ein wahrer Glücksfall zu sein. Sie hatte ihre Werkstatt in der Wohnung, bewachte also nebenbei das Haus, und da sie eine nette, freundliche Frau war, sah auch das Haus bald nett und freundlich aus. Leider — für uns Hausbewohner — hatte sie mit Fleiß, Tüchtigkeit und einem ebenso braven Ehemann bald so viel erspart, daß sie sich eine bessere Wohnung leisten konnte und uns verlorenging.

Mit dem wachsenden Wohlstand wurde es immer schwieriger, jemanden zu finden, der geneigt war, in der Souterrainwohnung zu wohnen, das Haustor abends zuzusperren und morgens wieder aufzusperren und einmal in der Woche das Stiegenhaus aufzuwaschen. Mehr wurde ohnedies nicht verlangt.

Manchmal gab sich die Unterwelt bei uns ein Stelldichein, die Mama empfing Herrenbesuche, der Papa saß in Stein, der Großpapa soff, die Kinder machten die Straße unsicher, und die Funkstreife rückte manchmal an, um lautstarke Streitereien in der Hausmeisterwohnung zu schlichten.

Die Mieter des einst so vornehmen Hauses, besonders die alleinstehenden Damen, rangen die Hände und fühlten sich ihres Lebens nicht mehr sicher.

Aber eines Tages ging auch für uns die Sonne wieder auf. Als sich für gewisse Arbeiten kein Einheimischer mehr finden wollte, rief man Fremdarbeiter ins Land. Die Männer, die zuerst kamen, gaben sich mit Massenquartieren zufrieden. Aber die Frauen, die sich nach und nach einfanden, wollten richtige

Wohnungen, und so kamen die Wiener wieder zu Hausbesorgerinnen. Unsere hieß Frau Valy Vucic, und sie brachte den Hausmeisterstand im Fünferhaus zu neuen Ehren.

Sie kehrte am Mittwoch herunter, wusch am Freitag das Stiegenhaus, putzte sogar gelegentlich die Messingstangen und, wenn es notwendig war, auch die Fenster. Sie entrümpelte den Keller und verschönte ihn mit bunten Landschaftsbildern, die sie aus Illustrierten ausgeschnitten hatte.

Zu Weihnachten schmückte sie das Stiegenhaus mit Tannenzweigen und stellte alle Kerzen auf, deren sie habhaft werden konnte. Am Heiligen Abend ging sie von Stock zu Stock und zündete die Kerzen an, hielt aber getreulich Brandwache und machte Kontrollgänge durch die Stockwerke, damit „ihrem" Haus kein Schaden widerfahre. Einige Tage später wurden die Kerzen nochmals angezündet, denn da feierte sie ihr eigenes Weihnachtsfest.

Wenn Schnee fiel, war sie sofort zur Stelle und rückte ihm mit Besen und Schaufel zu Leibe. Der Gehsteig vor ihrem Haus sollte immer sauber sein. Dazu gehörte auch, daß sie Hunde, die sich vor dem Fünferhaus ein Plätzchen suchten, schnell verjagte, bevor sie noch ihr Geschäft verrichten konnten. Wie und wann sie das alles schaffte, kann ich mir nicht recht vorstellen. Denn Frau Valy hatte zwei Töchter, die in die Handelsschule gingen, die kosteten Geld, und dazu reichte natürlich das kärgliche Reinigungsgeld nicht aus. Sie ging also noch „in die Bedienung", machte in mehreren Büros und Haushalten sauber und wurde überall gern gesehen.

Sie war sehr kontaktfreudig und plauderte viel in ihrem drolligen Deutsch, ganz ohne Hemmungen ihrer mangelhaften Grammatik wegen. Gelegentlich rutschte ihr ein „Du" statt des „Sie" in ihren Redeschwall. Aber das störte nicht einmal die ganz feinen Leute. Die Valy war immer fröhlich, sie lachte gern, zuerst ein wenig zahnlos, aber später, mit den schönen neuen Zähnen, die ihr die Krankenkassa gespendet hatte, kannte ihre Fröhlichkeit keine Grenzen.

Hatte jedoch einer der Hausbewohner die Augen für immer geschlossen, sammelte sie Spenden für den Kranz ein und stand dann als erste auf dem Friedhof, um zu kontrollieren, ob der Kranz auch ordnungsgemäß geliefert wurde.

Wenn sie kochte, duftete es aus ihrer Kellerwohnung nach allen Herrlichkeiten des Balkans. Zum Muttertag lud sie alle Mütter, die ihr in die Quere kamen, ohne Standesunterschied, zu sich ein: „Willst du Schnaps trinken? Hab ich kriegt gute Schnaps von Mama von zu Hause . . ." Der Schnaps entpuppte sich als edler, goldgelber Slibowitz.

Die Mutter der Frau Valy war das Band, das sie nach ihrem Heimatort, nach Skopje, zurückzog. Und gelegentlich, wenn es Zeit und Geld erlaubten, fuhr sie auch hin, um sie zu besuchen. „Bin ich dort", so erzählte sie, „Mutter immer sagen, was du chaben? Du sitzen, dann springen auf, du gehen vor Tür, was du unruhig?" Denn, kaum in Skopje, hat sie sich nach Wien gesehnt, und in Wien hatte sie wiederum oft Sehnsucht nach ihrer alten Heimat. Dort nicht mehr zu Hause, hier noch nicht zu Hause — es ist nicht leicht, ein „Tschusch" zu sein.

Aber langsam, ganz langsam begann der soziale Aufstieg der Valy Vucic.

Heute sind die Töchter schon verheiratet, Frau Valy ist bereits mehrfache und begeisterte Großmutter, sie geht zwar noch immer bedienen und sie ist auch noch immer Hausmeisterin, aber nicht mehr mit einer Dienstwohnung im Keller, sondern in einem modernen Haus, im Stock, mit Bad und Telefon.

Wenn ich sie gelegentlich auf der Straße treffe oder auf dem Markt, gibt es ein freudiges Wiedersehen, und Frau Valy fragt eifrig nach „ihren Parteien" und was es Neues gäbe in unserer Gasse.

Ein bißchen Heimweh hat sie doch noch nach dem Fünferhaus, so scheint es.

Und neulich hat sie dem kleinen Niki, meinem Enkel, aus ihrem alten Geldbörsel zwanzig Schilling in die Hand gedrückt . . .

Sie hat's ja. Und freut sich darüber.

DER HAUSARZT

Einen Hausarzt hatte seinerzeit jeder. Der kannte alle Familienmitglieder ganz genau, hatte die ernsthaften Krankheiten und die kleinen Wehwehchen, von denen der einzelne befallen war, im Kopf und brauchte dazu keine Kartei. Unserer hieß Dr. Rudolf Knespel, er wohnte nicht weit von uns, gleich unter dem Bogen der Vorortelinie, und hatte seine Ordination in der Wohnung. Zu den Hausbesuchen brachte er seine abgenützte Arzttasche und ein freundliches Lächeln mit.

Hausbesuche waren damals nämlich auch bei kleineren Leiden durchaus üblich. Wenn der Papa einen Ischiasanfall hatte, kam Dr. Knespel strahlend ins Zimmer: „Der Vater is krank, der Vater is krank." (Er sagte „der Foda") „Was wird ihm denn schon fehlen!" Und dann kam statt eines komplizierten Rezepts der Rat: „An heißen Ziegelstein ins Kreuz!"

Er war eben eher für Naturheilmittel, unser Doktor. Wegen seiner urwüchsigen Ausdrucks- und Behandlungsweise wurde er nicht von allen so geschätzt, wie er es verdient hätte, man hätte ihn gern ein wenig liebenswürdiger, ein wenig geschliffener gehabt, und hätte sich auch lieber Medikamente aus der Apotheke verschreiben lassen statt der alten Hausmittel. „Aber er ist ein guter Diagnostiker!" hieß es allgemein anerkennend, und so fand man sich mit seiner ruppigen Art ab.

Ich habe ihn immer sehr gern gehabt, und zu mir war er auch niemals grob. Er war halt kein eleganter Modearzt, sondern ein „harbes" Kind vom Grund. Meiner Mutter soll er geraten haben, als ich einmal mit einer Kinderkrankheit darniederlag, so oft wie möglich die Fenster zu öffnen und frische Luft hereinzulassen.

„Aber, Herr Doktor, der Zug!" wandte sie zaghaft ein. „Der Zug, wird ihr der nicht schaden?"

„Was ist ein Zug?" herrschte er sie barsch an. „Ein Zug ist ein Wind — und ein Wind hat noch niemandem geschadet!"

Gegen meinen Heuschnupfen halfen allerdings die Naturheilkräfte nicht, daher verschrieb er mir eine Injektionskur (die dann auch nichts nützte). Ich mußte ihn regelmäßig in seiner Ordination aufsuchen, er jagte mir eine Spritze in die Weichteile, und damit hatte sich's.

Er hatte angenehm warme, trockene Hände, und wenn er einen abhorchte, kitzelten einen die Haare, die ihm aus den Ohren wuchsen.

Seine Frau war ein rechtes Hauskreuz und plagte

ihn mit ihrer Eifersucht. Er mußte die Tür zum Ordinationszimmer offen lassen, damit sie nebenan, wo sie mit dem Staubtuch hantierte, alles genau verfolgen konnte, besonders bei jüngeren weiblichen Patienten. Manchmal, wenn ihr die Stille verdächtig vorkam, drang sie sogar in das Untersuchungszimmer ein und staubte dort ab, während er eine Patientin untersuchte.

Auf einem Spaziergang durch den Hernalser Friedhof bin ich durch Zufall an sein Grab gekommen, und auf einmal wurde die Sehnsucht nach einem Hausarzt wieder wach. Nach einem, den man kennt und der einen kennt; der kommt, wenn man ihn braucht; nach einem, zu dem man Vertrauen hat, ja, vor allem nach einem, zu dem man Vertrauen hat.

Und es ist mir aufgefallen, daß ich seit dem guten Dr. Knespel keinen ständigen ärztlichen Betreuer mehr hatte.

Man müßte sich wieder einen suchen.

Mit einem Krankenschein bewaffnet habe ich einen Vorstoß gemacht, zu einem jungen Arzt, ganz in meiner Nähe. Vor Jahrzehnten war ich einmal bei seinem Vater in Behandlung gewesen, also bestand eine gewisse Beziehung. Vielleicht wäre der junge Herr Doktor ein Hausarzt?

Ich wagte einen Versuch.

Bis ins Vorzimmer bin ich vorgedrungen. Sehr

hübsch, sehr modern. An der Wand allerlei Täfelchen:

„Injektionen nur Freitag von 14 bis 15 Uhr",
„Anmeldungen für Hausbesuche 7.30 bis 8 Uhr",
„Rezeptabholung von 15 bis 16 Uhr" und so weiter.

Ein Arzt von heute muß alles gut organisieren, damit der Betrieb läuft, das wird jeder einsehen.

Die Ordinationshilfe im adretten weißen Mantel stellt zuerst die Gretchenfrage: „Privat oder Krankenkasse?"

Ich stufe mich als Krankenkassenpatient ein. Sie fragt kühl nach meinem Begehr. Ich versuche zu erklären, daß ich seit Jahrzehnten nicht mehr hier gewesen bin, seit der Zeit des alten Herrn Doktor nicht.

„Ich kenne Sie nicht!" sagt sie streng.

„Nein, natürlich nicht, ich sage Ihnen ja, daß ich seit Jahrzehnten ..."

„Das gibt es nicht!" rügt sie mich. „Vielleicht seit ein, zwei Jahren!" Und sie beginnt in ihrer eindrucksvollen Kartei zu suchen. Sie findet meinen Namen nicht, was ich vorausgesagt habe, und das ist ein dicker Schlechtpunkt für mich. Mißbilligend gibt sie mir zu verstehen, daß ich keine Chance hätte, dranzukommen, wenn ich nicht eine halbe Stunde vor Beginn der Ordination vor dem Haustor wäre, aber nicht am Freitag, das sei ein schlechter Tag, und auch nicht am Montag, das sei sehr ungünstig.

Ich habe mich bedankt und bin gegangen.

Demnächst werde ich dem Dr. Knespel Blumen aufs Grab legen.

DER VERKEHRSPOSTEN

Als wir noch in Hernals wohnten, war im Neben-
haus eine Polizeiwachstube. Der „Herr Inspektor"
ging dort ein und aus, er trug einen Gummiknüppel
an der Seite, damit drosch er bei einem „Auflauf"
den Leuten auf die Köpfe. Die „Berittenen", an die
ich mich noch dunkel erinnern kann, sahen von
oben auf das Volk herab und ritten nötigenfalls auch
in das Volk hinein. Sie hatten besonders lange
„Gummiwürste", damit sie die Köpfe der Demon-
stranten vom Rücken des Pferdes aus erreichen
konnten. „Freund und Helfer" war der Herr Inspektor damals nur selten. So ist es nicht verwunder-
lich, daß sich der Volkszorn oft genug gegen die Polizei richtete. Im Juli 1927 wurde „unsere" Wachstu-
be sogar ausgeräumt und das Mobiliar auf der Straße
angezündet. Meine Mutter und ich waren gerade in
der Sommerfrische, aber ich kann mich noch erinnern, wie mein Vater bei seinem Wochenendbesuch
der Mutter im Flüsterton von den Vorfällen erzählt
hat. Geflüstert hat er meinetwegen, damit ich, die
damals Vierjährige, mich nicht schrecken möge.

Daß es aber um etwas Schreckliches ging, habe ich trotz oder vielleicht wegen des geheimnisvollen Flüstertons im Gedächtnis behalten.

Berittene gibt es keine mehr.

Aber auch der Verkehrsposten, der auf der Kreuzung stand und den Verkehr durch Handzeichen regelte, ist jetzt kaum mehr zu finden.

Damals, als es noch keine automatisch funktionierenden Ampeln gab, war er ein wichtiger Mann, wenn er in seiner weißen Uniform als wahrer Verkehrsknotenpunkt dastand, ein Fels in der Brandung, den Arm hob und senkte, beide Arme ausbreitete, mit beschleunigenden Bewegungen die Autos antrieb oder mit dem Zeigefinger winkte und gelegentlich auch drohte.

Jeder hatte seine persönliche Note, und mancher war sogar zum Liebling der Wiener geworden, der „Fesche Pepi" etwa, der meist an der Ecke Ring—Babenbergerstraße mit so viel Schwung und so musikalischen Handbewegungen den Verkehr dirigierte, daß man ihn den „Toscanini" der Kreuzung nannte. „Unser" Verkehrsposten stand auf der Kreuzung Getreidemarkt—Gumpendorferstraße. Auf ihn war meine Familie am meisten angewiesen, denn alle unsere Wege führten an ihm vorbei, und das mehrmals am Tage: mein Weg ins Büro, und der Weg meiner Mutter, mit meinem kleinen Buben an der Hand, in den Burggarten.

Da kannte man einander natürlich vom Sehen. Und es war selbstverständlich, daß es ein Lächeln, ein Nicken herüber und hinüber gab, und daß der Herr Inspektor, sobald er uns erblickte, sofort die Kreuzung freigab.

Das war immer ein freundlicher Tagesbeginn.

Machte einmal ein anderer, ein fremder Kollege, Dienst, hat mich das immer ein bißchen gestört.

Es herrschte also zwischen uns und unserem Verkehrspolizisten ein durchaus freundschaftliches, ja familiäres Verhältnis. Wenn man einander länger nicht gesehen hatte, rief man ein paar freundliche Worte hinüber: „Ja, wo waren Sie denn so lange? Hoffentlich nicht krank?" oder „Sie haben so eine gute Farbe, waren Sie auf Urlaub?"

Zu Weihnachten oder zu Neujahr haben wir immer ein kleines Päckchen zurechtgemacht mit Zigaretten, Süßigkeiten oder einer Flasche Wein, das durfte dann der Jüngste der Familie dem Herrn Inspektor überreichen. Der sah den Buben schon kommen, machte die Kreuzung frei, der Knirps marschierte zu ihm, wünschte ein frohes Fest, der Herr Inspektor bedankte sich durch ein strahlendes Lächeln bei uns Erwachsenen, die wir am Straßenrand standen, für das Geschenk. Er hielt die Kreuzung so lange offen, bis der Bub sicher auf dem Gehsteig stand, dann erst durfte der Verkehr weiterrollen.

Und kein Autofahrer hat ungeduldig gehupt.

Oft stand der Verkehrsposten vor den Feiertagen inmitten eines kleinen Berges von Geschenken, aber niemand hat das „Bestechung" genannt, und es war ja auch keine, sondern nur ein Zeichen der Dankbarkeit und des guten Einvernehmens.

Heute hat der Getreidemarkt eine automatische Ampelanlage, mit der kann man keinen persönlichen Kontakt mehr pflegen. Unser Verkehrsposten ist schon lange verschwunden. Eigentlich müßte ich sagen „unsere", denn es waren zwei, die dort abwechselnd Dienst machten und uns besonders ans Herz gewachsen waren.

Den einen, den stämmigen Blonden mit dem „Englisch"-Taferl an der Brust, habe ich später als Mitglied einer Verkehrskommission wiedergesehen, er war inzwischen Polizeioffizier geworden, wie er mir erzählt hat, und dachte an den anstrengenden Dienst auf der Kreuzung mit einem lachenden und einem weinenden Auge zurück.

Eines Tages, als ich durch die Elisabethstraße ging, bremste knapp neben mir ein Wagen der Funkstreife ab, und ein Polizist sprang heraus.

Ich war mir keiner Schuld bewußt, aber man erschrickt ja doch, wenn neben einem die Polizei bremsen quietschen. Der Herr Inspektor wollte allerdings keine Amtshandlung durchführen; er hat mir nur kräftig die Hand geschüttelt, sich nach der

Familie erkundigt und wissen wollen, wie es uns er-
gangen sei. Das war der zweite vom Getreidemarkt,
der bei der Funkstreife gelandet war. Er hatte mich
im Vorbeifahren erkannt, und so hielten wir neben
dem Funkstreifenwagen schnell einen kleinen
Tratsch, was die Vorübergehenden mit Mißtrauen
und Erstaunen registrierten. Denn inzwischen war
aus dem vertrauten Freund und Helfer, dem fast zur
Familie gehörigen, schon eine furchterregende
Amtsperson geworden.

TRANSPORTMITTEL

Wenn ich in die Straßenbahn einsteige, durch eine Tür, die sich auf Knopfdruck öffnet, wenn ich meinen Fahrschein dem majestätisch thronenden Schaffner zum Markieren hinhalte oder im „Schaffnerlosen" in den Entwerter stecke und mich dann ganz vorn niederlasse, damit ich dem Motorführer zuschauen kann, wie er schlechtgelaunt mit den Kurbeln herumreißt und gereizt ein pausenloses „bimbimbim" produziert von seinem bequemen Sitz aus, isoliert von Fahrgästen und Luftzug durch eine massive Windschutzdecke, muß ich immer an die Straßenbahn meiner Kinderjahre denken.

Der Motorführer stand aufrecht wie der Kapitän eines Schlachtschiffes, die Hände, die in Segeltuchfäustlingen steckten, fest an den beiden Kurbeln, den Blick stolz und aufmerksam geradeaus gerichtet, anfangs sogar mit Schutzbrillen, wegen des Fahrtwindes, als es noch keine Windschutzscheibe gab. Der Unerschrockene wurde von allen Buben wie ein Held verehrt, und sie wünschten sich nichts sehnlicher, als auch einmal eine Straßenbahn so kühn durch die Fährnisse des Verkehrs lenken zu dürfen.

Jedoch auch „Schaffner" war ein Traumberuf, deshalb waren die Schaffnerkappe, die Umhängetasche samt Zwickzange und Fahrscheinen ein beliebtes Kinderspielzeug, nicht zu vergessen das Pfeiferl, das mit seinem schrillen Ton unbotmäßige Fahrgäste zur Ordnung rufen sollte, oder dem Motorführer das Zeichen zur Abfahrt gab, wenn der Schaffner infolge Überfüllung des Wagens nicht an die Klingelschnur herankam.

Mein Onkel Emil war Schaffner, und sein Jüngster, der Fritzl, war so begeistert von dem Beruf seines Vaters, daß ich mit ihm immer Schaffner spielen mußte, wenn ich zu Besuch kam. Er konnte schon im Vorschulalter sämtliche Straßenbahnlinien mit all ihren Stationen auswendig hersagen und ließ mich pausenlos ein- und umsteigen, was mich sehr verwirrte.

Und der Pepi-Onkel war ebenfalls Straßenbahner mit Leib und Seele. Er hat sich bis zum „Schwarzkappel", bis zum Kontrollor, hinaufgedient und fühlte sich auch im Dienst, wenn er dienstfrei war. Wurde er zufällig Zeuge einer Verkehrsstauung, griff er sofort ordnend ein, auch wenn er im Ausschlaghemd unterwegs zu seinem Garten war, unter dem Motto: „Im Dienst bin i a Viech, und im Dienst bin i immer!" Er mischte sich in das Gewirr von Straßenbahngarnituren, Schaffnern und erbosten Fahrgästen und gab nicht früher nach, bis er den Knäuel entwirrt hatte. Er war eben ein Meister des Verkehrs, und als „Verkehrsmeister" hat er auch seine Karriere beendet, was seine Witwe stolz auf den Grabstein meißeln ließ.

Daß die Straßenbahn einst von Pferden gezogen wurde, habe ich nicht mehr miterlebt.

Sehr wohl kann ich mich aber noch erinnern an die Bierwagen und an die Milchwagen mit ihren kräftigen Rössern und dem ebenso kräftigen Kutscher auf dem Bock. Der Kutscher mußte kräftig sein, denn so ein hölzernes Bierfaß war nicht leicht, es mußte mit Schwung vom Wagen gehoben werden, dann erst wurde es ins Wirtshaus gerollt. Und auch die Milchkannen, die großen, silbrig glänzenden, hatten ihr Gewicht. Das Milchausführen war kein leichtes Geschäft, es vollzog sich meist in den frühen Morgenstunden. Wenn alles noch in tiefem Schlafe lag, konnte man das melancholische Trappen der Pferdehufe in der Stille hören, und wenn es verstummte, kamen die Schepperer der Milchkannen auf dem Pflaster — ein Zeichen, daß der Tag bald anbrechen würde.

Wo sind die Zeiten, als einem Milch, Gebäck und Zeitung ins Haus zugestellt wurden! Die Milchflasche stand vor der Tür, die frischen Semmeln und Kipferln hingen in einem weißen Leinensackerl an

130

der Türschnalle, die Zeitung steckte im Türspalt. Wer hat damals eigentlich zugestellt? Die Milchfrau? Der Trafikant? Oder eine dritte Person, die sich damit ein bißchen Geld verdient hat? Ich weiß es nicht.

Schade, daß es das nicht mehr gibt. So habe ich mir gedacht, bevor mir eine Werbung für „Frühstücksgebäck und Morgenzeitung" ins Haus flatterte.

Die Idee ist begrüßenswert, nur fürchte ich, ihr keine große Zukunft prophezeien zu können: Für die Milch gibt es den Kühlschrank, die Semmeln liegen im Tiefkühlfach, und die Nachrichten kann man dem Radio entnehmen.

Gibt es noch „offene Milch" bei der Milchfrau? Die man mit der Milchkanne holen muß, die mit dem Riesenschöpfer aus der großen silbrigen Milchkanne herausgefaßt wird?

Oder Butter, die man dekaweise kaufen kann, die Milchfrau schneidet sie mit der Drahtsäge herunter von dem Butterblock, die gelbliche ist die Molkereibutter, die blasse ist die Landbutter?

Auch den Eiswagen gibt es nicht mehr, der in seinem kastenförmigen Inneren Eis in langen Blöcken enthielt. Er wurde nicht nur von den Wirten sondern auch von den Hausfrauen sehnsüchtig erwartet. Der Eismann trug den Eisblock auf der Schulter — sie war durch einen Sack geschützt — ins Haus und in den Eiskasten, eine Tropfspur hinter sich lassend. Die Hausfrau mußte keinen ganzen Block abnehmen, sie konnte auch einen halben bestellen, oder ein Viertel, je nach Größe des Eiskastens.

So ein Gerät blieb den begüterten Kreisen vorbehalten. Bei uns zu Hause wurden Butter und Milch in kaltem Wasser leidlich kühl gehalten, und später, als wir endlich eine Wohnung mit Fließwasser hatten, unter dem sacht tröpfelnden Wasserhahn, das war schon eine große Erleichterung.

Eines Sommers, während einer großen Hitzeperiode, wurde das Rinnenlassen des Wassers von Amts wegen bei Strafe verboten. Da habe ich mir endlich einen kleinen elektrischen Eiskasten angeschafft und konnte mich eines Gefühls von sündhaftem Luxus nicht erwehren.

Ein Auto zu besitzen war in den Tagen meiner Kindheit für die meisten Familien undenkbar. Eine einzige meiner Schulkolleginnen (ihr Vater war Generaldirektor) wurde vom Chauffeur im Auto in die Schule gebracht. Das war ihr aber so peinlich, daß sie immer schon an der Ecke ausstieg und hoffte, daß sie niemand beim Aussteigen gesehen hatte.

Wichtig waren gut besohlte Schuhe, denn man ging meist zu Fuß, viele Kilometer. Waren die Schuhsohlen dünn geworden, ließ man ihnen einen Doppler angedeihen; das hat sich damals noch gelohnt.

132

Die Straßenbahn benützte ich für die Fahrt in die Schule und wieder nach Hause, denn dafür gab es eine ermäßigte Schülerkarte. Und zu den gemeinsamen Sonntagsausflügen fuhr man auch mit der Straßenbahn bis zur jeweiligen Endstation, also möglichst weit ins Grüne, damit es sich auszahlte. Wenn wir allerdings bei der Tante in Perchtoldsdorf eingeladen waren, fuhren wir nie bis zur Endstation, sondern nur bis Mauer. Dort war die „Zonengrenze". Wer weiterfuhr, mußte aufzahlen. Das kam natürlich nicht in Frage. Wir machten aus der Not eine Tugend: die ganze Gesellschaft traf sich bei der Zonengrenze, und dann marschierten alle fröhlich zu Fuß von Mauer nach Perchtoldsdorf. Taxi wurde nur im äußersten Notfall gefahren, zum Beispiel im 34er-Jahr, als in den Straßen Wiens gekämpft wurde, und mich mein Vater von der Schule vorsichtshalber im Taxi heimbrachte, oder damals, als meine Mutter die Theaterkarten vergessen hatte, und wir vom Burgtheater nach Hernals und wieder zurück fahren mußten, weil wir sonst die Vorstellung versäumt hätten.

Zu meinem ersten Ball war eine Taxifahrt zwar eingeplant, dann fuhren wir trotzdem mit der Straßenbahn ins Militärkasino am Schwarzenbergplatz, weil damals, zu Beginn des Dritten Reiches, die Taxis bereits knapp waren. Leider regnete es. Mein Kleid, bodenlang, war aus fliederfarbenem Taft.

Schon als Kleinkind hatte ich die unselige Eigenschaft, in so manche Regenlache hineinzufallen. An jenem Abend fiel ich zwar nicht, brachte es aber durch mein festes Auftreten fertig, in Sekunden von unten bis oben bespritzt zu werden. Auch im Fliederfarbenen gelang mir das Schweben nicht. Die wenigen Schritte bis zur Straßenbahn waren qualvoll. Meine Mutter hüpfte immer einen Schritt hinter mir und zeterte: „Gib acht! Du spritzst dich ja an!", und sie versuchte, mir die Spritzer mit ihrem Taschentuch wegzuwischen. Ich war verzweifelt und heulte vor Wut.

Es wurde trotzdem ein schöner Ball.

Viel konnten die Taxler an meiner Familie nicht verdienen. Dabei hatten wir einen Taxler in der Verwandtschaft, den Rudi-Onkel, der selbst ein Auto besaß und als Taxiunternehmer arbeitete, als sein eigener Chauffeur und Chef zugleich. Er hatten einen großen und für damalige Begriffe eleganten Wagen, der lief deshalb als „Achtziger", zum Unterschied von den normalen „Fünfzigern", den Taxis mit 50-Groschen-Tarif. Sein Standplatz war vor dem Hotel Bristol — man sagte Bristool, das klang so vornehm —, und er chauffierte vorwiegend reiche Hotelgäste. Da der Rudi-Onkel Englisch sprach und ein gutaussehender, wohlerzogener Mensch war, hatte er seine Stammkunden, die nur ihn und keinen anderen wollten. Besonders Mr. Wormser mit

Gattin, die durfte er in halb Europa herumkutschieren. Mr. Wormser war gelähmt, und der Onkel mußte ihn in den Wagen heben wie ein kleines Kind, wofür sich die dollarschwere Familie Wormser großzügig erkenntlich zeigte.

Außerdem schickte Mrs. Wormser von Zeit zu Zeit ihre abgelegten Kleider nach Wien, wo die Juli-Tante damit Furore machte.

Die „Achtziger"-Taxis gibt es längst nicht mehr, und auch der Dollar ist nicht mehr das, was er einmal war.

Als die Pan American nach dem Krieg Wien anflog, anfangs den Militärflughafen Tulln, später dann Schwechat, fuhr man zum Flugplatz mit einem Autobus, einem firmeneigenen, vom Stadtbüro, und dorthin wurde man auch nach der Ankunft gebracht.

Im Stadtbüro fand die Gepäckabfertigung statt, die Koffer wurden auf einer großen Waage abgewogen und dann, bereits mit den jeweiligen Anhängern versehen, in den Bus verladen. Kein Wunder, daß die Büros der Fluggesellschaften damals so groß waren! Vor der Autobusabfahrt oder -ankunft gab es ein richtiges „Gewurl" von Fluggästen, Begleitpersonen, Gepäckstücken, Chauffeuren, Dienstmännern und Hotelboys. Später, als die Abfertigung auf den Flughafen verlegt wurde, erübrigten sich die großen, teuren Passagierbüros. Heutzutage geben sich die meisten Fluglinien mit kleinen Lokalen zu ebener Erd und erstem Stock zufrieden.

Ich denke manchmal mit Wehmut an das fröhliche Gewimmel zurück, wenn etwa ein amerikanischer Onkel nach seinem Besuch in der alten Heimat von seiner zahlreichen burgenländischen Verwandtschaft zum Bus begleitet wurde, und alle vor Rührung weinten, weil der gute Onkel ihnen während seines Urlaubs einen Fernsehapparat gekauft und das neue Dach für den Saustall bezahlt hatte. Während die Verwandtschaft sich ihrem Schmerz hingab, schritt der Onkel großspurig zum Schalter und erklärte in seinem köstlichen Gemisch von Burgenländisch und Amerikanisch: „I mecht mi inschurn lassen, siii?", was heißen sollte, daß er eine Versicherung abzuschließen wünschte. Und beim Einsteigen hat er einem jeden Verwandten ein paar Dollar in die Hand gedrückt, zum Abschied, da flossen die Tränen noch reichlicher.

DAS CARE-PAKET

Jedes Jahr zu Weihnachten, wenn ich den Christbaumschmuck aus der Rumpelkammer hole, muß ich an die Jahre nach dem Krieg denken, an die Sorgen, die wir täglich hatten, und an die große Freude, die uns einmal im Monat beschert wurde.

Der Christbaumschmuck ruht nämlich in einem großen Karton aus besonders fester Pappe, der ist seewasserdicht und enthält vier kleine Kartons, ebenfalls aus unverwüstlichem Material. Die Kartons sind merkwürdig beschriftet; es ist die Rede von „Menus" und „Rations" aus amerikanischer Heeresverpflegung. Diese Christbaumschmuck-Schachtel ist alles, was von einem Care-Paket übriggeblieben ist.

Als ich mein Berufsleben begann, im Juni 1946, bei der Fluggesellschaft Pan American, hat man mir als Anfangsgehalt dreihundert Schilling geboten. Das war nicht viel und nicht wenig, guter Durchschnitt sozusagen. Das Geld hat nicht den Ausschlag gegeben, daß ich diesen Job sofort und mit Begeisterung annahm. Man bot mir nämlich noch außerdem jeden Monat ein Care-Paket. Und das war nach damaligen Begriffen sicher dreimal soviel wert wie das Gehalt.

Die Care-Organisation, 1945 in den Vereinigten Staaten gegründet, befaßte sich im Auftrag Privater mit der Versendung von Lebensmittel- und anderen Paketen in die unter den Kriegsfolgen leidenden Länder. Der Spender konnte in Amerika zehn Dollar einzahlen, und der Empfänger bekam das gewünschte Paket in dem hungrigen Land ausgefolgt.

Mein Arbeitgeber, die Pan American, zahlte per Dauerauftrag einen für normale Verhältnisse lächerlichen Betrag ein und sorgte so dafür, daß ihre europäischen Angestellten in guter Verfassung und halbwegs satt ihre Arbeit taten.

Das Paket — es war sehr schwer — wurde uns durch den Firmenwagen ins Haus geliefert. Das war jedes Mal ein Freudentag für die ganze Familie.

Geöffnet wurde es erst, wenn alle anwesend waren. Wir standen erwartungsvoll im Kreis um das Paket herum. Dann begann die feierliche Band-Durchschneidung. Das war Männerarbeit, denn es war ein Stahlband, und mein Vater und mein Mann „murksten" oft mit der Beißzange lange herum, bis sie es geknackt hatten. Das erhöhte die Spannung beträchtlich. Dann mußte der Karton an der Oberseite aufgeritzt werden, denn zugeklebt war er auch noch. Endlich war er offen, und die kleineren

Kartons lagen frei. Jetzt begann die Feinarbeit, die war meiner Mutter und mir vorbehalten: das Öffnen der vier kleinen Kartons. Wir taten es langsam und mit großem Genuß. Jede Dose, jede Konservenbüchse wurde einzeln herausgenommen, die Inschrift buchstabiert, so gut es ging, übersetzt und der vermeintliche Inhalt bejubelt: Baked Beans, Tea, Instant Coffee, Corned Beef, Wheat Flower, Granulated Sugar, Peanut Butter — Herrlichkeiten, die das Hausfrauenherz höher schlagen ließen.

Für uns Raucher aber stieg die Spannung ins Unerträgliche, wenn wir an die Zigaretten kamen. Jedes Paket enthielt nämlich auch Camels oder Lucky Strikes, aber in unterschiedlicher Anzahl: Es gab Pakete mit hundert und Pakete mit zweihundert Zigaretten. Und ein Unterschied von hundert Zigaretten in einer Zeit, in der man ein Vermögen für Zigaretten auf dem Schwarzen Markt ausgab, so ein Unterschied konnte einem schon Herzklopfen bereiten — jeder Raucher wird das verstehen.

Diese namenlose Freude wurde uns durch Jahre hindurch Monat für Monat bereitet, und Weihnachten fand für uns zwölfmal im Jahr statt. Die kärglichen Lebensmittelzuteilungen wurden dadurch wesentlich aufgebessert, das hat meine Mutter nie vergessen. Und noch Jahre später, wenn ich manchmal Kritik an meinen amerikanischen Arbeitgebern üben wollte, hat sie mich immer ermahnt: „Sag nichts gegen die Amerikaner! Denk an die Care-Pakete!"

Als sich die Lebensmittelversorgung auch bei uns langsam besserte, verlor das Care-Paket allmählich seinen Reiz. Da es aber nicht nur Lebensmittelpakete gab, sondern auch solche mit anderem Inhalt, habe ich mir noch einmal eines mit Bettwäsche und einmal eines mit Armeedecken bestellt.

Die Bettwäsche habe ich noch heute, und aus der Decke, braun war sie, ließ ich mir einen Mantel schneidern, beinahe knöchellang, nach der neuen Diorschen Linie, die damals gerade modern war.

Dann fand die Firma mit Recht die Spenden für überflüssig, gab uns zum Gehalt ein bißchen was drauf, und einmal im Jahr, zu Weihnachten, einen Truthahn, der so groß war, daß er in unserem Backrohr keinen Platz fand. Die Mutter hat ihn halbieren müssen vor dem Braten. Dann haben wir tagelang daran gegessen.

DER LUFTRUDL

Sein Vater war noch Fiaker gewesen, mit seinem Fiakernamen hieß er der „Bißfanger", und sein Bub, der Rudi, wurde der „Bißfangerbua" genannt.

Aufgewachsen ist er im 2. Bezirk und hat sich als kleiner Bub viel im Prater herumgetrieben. Er kannte alle Ringelspiele, alle Wirtshausgärten, und als er ein bißchen älter wurde, kannte er auch alle Huren der Gegend.

Elektriker hat er gelernt und eine Zeitlang als Beleuchter im Carltheater gearbeitet.

Aber dann meldete sich die Stimme des Blutes, und der Rudl wurde — nicht Fiaker, das war damals kein einträglicher Beruf mehr — er wurde Taxler. Sein Auto liebte er so innig, wie ein Fiaker einst seine Rösser geliebt hat.

Bei den Taxlern hat er auch seinen „Schmäh" vervollkommnet, zu dem er die besten Anlagen mitbrachte.

Und als die Fliegerei in Österreich begann, wurde er Chauffeur bei der ÖLAG, der Österreichischen Luftverkehrs AG, die den Flughafen Aspern damals mit der Welt verband. Es war eine schöne Zeit für ihn, so hat er oft gesagt. Seit damals hatte er einen Hang zum Internationalen, und dieser Hang hat sein ganzes weiteres Leben bestimmt. Bis zum Ende.

Er hat geheiratet, seine Frau schenkte ihm eine hübsche Tochter, und so wäre alles bestens gewesen.

Im Krieg ist er zu den Soldaten gekommen, zum Bodenpersonal der Luftwaffe, er hat sich dank seiner Geschicklichkeit in handwerklichen Dingen, seiner Fahrkenntnisse und vor allem dank seines Wiener Schmähs hervorragend durch den Krieg gebracht. Organisieren konnte er wie kaum einer, und jeder weiß, daß ein gesundes Organisationstalent im Krieg oft lebensrettend sein konnte. (Diejenigen, die diese Zeit mitgemacht haben, werden wissen, daß „organisieren" im weitesten Sinne verstanden werden muß.)

Während des Krieges hat er eine Luftwaffenhelferin, die Rosi, kennengelernt, die „Binka", wie er sie zärtlich nannte.

Sie wurde seine große Liebe; er hat der ersten Frau die Wohnung und die Tochter gelassen, die Rosi zu seiner zweiten Frau gemacht und mit ihr neu angefangen.

Als der Krieg zu Ende war, hat er seine Fähigkeiten erst voll entfalten können. Da wurde er Chauffeur bei den Amerikanern, bei der ersten Fluggesellschaft, die Wien wieder anflog.

Dort habe ich ihn kennengelernt.

Er war nicht nur Chauffeur. Er war Vertrauter in Liebessachen, denn er vermittelte den ortsunkundigen Amis die Freundinnen, er war Bankier, denn er tauschte mit viel Geschick Dollars gegen Schilling und umgekehrt, er kaufte und verkaufte alles, er hatte überall seine Beziehungen, dank seiner „Maria-Theresien-Konzession", wie er oft im Spaß gesagt hat. Natürlich tat er es, weil er verdienen wollte und auch mußte, um seiner Rosi ein schönes Leben bieten und seiner ersten Frau die Alimente zahlen zu können.

Aber manchmal ließ er seine Beziehungen spielen, ohne daran zu verdienen, er „zerfranste" sich regelrecht für jemanden, nur damit man ihn bewunderte und lobte. Gelobt wollte er werden, denn er war naiv wie ein Kind. „Rudolf ist der Beste!" sagte er dann strahlend von sich selbst.

Kam ein Prominenter an, ein VIP, mußte ihn der Rudolf vom Flughafen abholen, in Wien herumführen und ihm verschaffen, was er brauchte. Und wenn er ihn am Ende des Besuches wieder zum Flughafen brachte, zeigte sich die Very Important Person natürlich erkenntlich und drückte ihm ein paar Dollar in die Hand, als „Maut".

Manche waren dazu allerdings zu feinfühlig.

Der Rudolf hatte sie in Wien betreut wie ein Gastgeber, war mit ihnen ausgegangen in die Bar oder

zum Heurigen, hatte mit ihnen Konversation gemacht, sogar auf englisch — einem solchen Menschen, einem solchen Herrn konnte man doch kein
Trinkgeld geben!

Diese vornehmen Charaktere drückten ihm herzlich die Hand und sagten zum Abschied: „Thank
you, Rudolf, I appreciate it, I appreciate it very
much!"

Und wenn der Rudolf es auch genoß, bald in
Amerika ebenso bekannt zu sein wie in Wien, so
war ihm doch der leere Händedruck eine herbe Enttäuschung. „Wieder a Eprischiëterer!" pflegte er
dann nach seiner Rückkehr vom Flughafen zu be-
richten. „A ganze Kisten Eprischiëterer hab i scho
zhaus, und ka Bank will mirs wechseln!"

Wie viele originelle Aussprüche gingen nicht aus
seinem Mund hervor! Der Rudolf war eben eine
„Typen". Jeder aus der Branche kannte ihn, jeder
lachte über ihn, jeder mochte ihn.

Aus dem „Bißfangerbuam" war der „Luftrudl"
geworden.

Wie soll man ihn in seiner Leiblichkeit beschrei-
ben?

Als ich ihn kennenlernte, war er ein Mann in
mittleren Jahren, von mittlerer Größe, mit Resten
von Blondhaar. Die Glatze muß ihn sehr gekränkt
haben. Denn er ließ nichts unversucht, die Haare
wieder zum Sprießen zu bringen, kaufte sogar um

teures Geld ein Haarwuchsmittel, das rieb ihm die Rosi jeden Abend in die Glatze; ihr wuchsen die Muskeln, aber ihm leider keine Haare.

Er hat die Anstrengungen nicht geheimgehalten, und auch nicht das fragwürdige Resultat. Und weil er genug Humor besaß, über sich selbst lachen zu können, ist er auf einem Gschnasfest als Reklame für das bewußte Haarwuchsmittel erschienen, mit goldblonder Perücke. Natürlich war er sofort der Mittelpunkt des Festes, und sein Motto „Rudolf ist der Beste" hat ihn sicher über das Versagen seiner Haar-Lockbemühungen hinweggebracht.

Seinerzeit war er schlank und rank, doch bald, dank Rosis Kochkünsten und infolge seines soliden Ehelebens, wölbte sich ein kräftiges Bäuchlein unter seinem dunkelblauen Zweireiher, der ihm als Uniform und Dienstkleidung diente. Wenn er dann noch die Tellerkappe aufsetzte, die zur Uniform gehörte, im Winter dunkelblau, im Sommer weiß, und damit die peinliche Glatze verdeckte, war er wirklich ein stattlicher Mann. Unter der Kappe schaute er sehr vergnügt in die Welt, und wenn er lachte — er konnte so erfrischend herzlich lachen —, wurden ihm die blauen Augen wässrig.

Uniform trug er nur im Alltag.

Sonntags, auch wenn er manchmal Dienst hatte, kam er im eleganten Zivilanzug, wog das Flugge- päck beinahe privat ein, trug dazu eine randlose Brille mit Goldbügel und einen wertvollen Brillantring am kleinen Finger. Einem solchen Gentleman auch nur die kleinste „Maut" zu geben, verbot sich von selbst. Sonntags nie! — und das war es ihm wert.

Er spielte eben gern den großen Herrn.

Die Zigaretten entnahm er einer silbernen Tabatière.

Geraucht hat er oft, da kam der Brillantring gut zur Geltung. Aber ebensooft hat er sich das Rauchen auch wieder abgewöhnt. Das fiel ihm leicht, denn selbst während seiner Nikotinperioden hat er den Rauch nur vor sich hin gepafft und nie richtig inhaliert.

Den Wein hingegen hat er gern inhaliert, da war er kein Kostverächter.

Aber beim Autofahren war er immer nüchtern, da gab's nichts, sein Auto und sein Führerschein waren ihm heilig, sie waren die Grundlagen seiner Existenz.

Die goldene Zeit des Schwarzhandels dauerte nicht ewig. Der Rudolf hatte sie genützt, hatte sich eine hübsche Eigentumswohnung erwirtschaftet.

Die erste Frau war mit der Tochter, die einen Amerikaner geheiratet hatte, nach Amerika gezogen. Dem Rudolf ging es eigentlich sehr gut.

Die Zeiten waren beinahe normal geworden, seine Dienste als „Big-Time-Operator" waren nicht mehr so gefragt, die Ami-Chefs hatten ihre Frauen

146

und Kinder nachkommen lassen, es bestand kein Bedarf mehr an jemandem, der günstig Dollars wechseln oder problemlos eine Freundin verschaffen konnte. Der Rudi machte sich bei seiner Firma nützlich, wo er konnte. Er dekorierte die Auslagen. Und da er „Elektriker" gelernt hatte, galt seine große Liebe den elektrisch betriebenen Schaustücken, den „Drahdiwaberln", wie wir sie respektlos nannten.

Bei seinen Dekorationen, die er mühevoll und mit nie erlahmender Ausdauer in unzähligen Überstunden bastelte, drehten sich Landkarten um Flugzeuge, Flugzeuge um Weltkugeln, leuchteten Lämpchen — es war alles ein wenig rührend und sehr kitschig.

Aber niemand traute sich, ihm das zu sagen, denn das wäre für ihn ein Stich mitten ins Herz gewesen. Er hatte doch noch immer so viel Begeisterung für die Fliegerei und eine unendliche Loyalität seiner Firma gegenüber.

Er liebte mit ganzem Herzen: seine Frau, sein Auto, seine Firma. Mit einigem Abstand liebte er auch sich selbst und seinen Aufstieg vom Praterbuam zum Luftrudl, dem international bekannten. Vermutlich hatte er deshalb auch eine unselige Neigung zu Fremdwörtern. Er verdrehte sie überaus köstlich; und wir verbreiteten diese Verdrehungen entzückt weiter. Natürlich durfte er nicht merken, daß

wir über ihn lachten, das hätte ihn sehr verletzt.
Und verletzen wollten wir ihn nicht, denn wir hatten ihn alle sehr gern.

Neben der vielgeliebten Rosi hatte der Rudolf
noch einen Freund, der ebenfalls „Rudolf" hieß.

Rudi II wohnte im selben Haus, war Goldschmied, alleinstehend und recht gut situiert.

Manchmal kochte die Rosi für die beiden, und die
zwei Rudln schnapsten einstweilen einträchtig.

Und als der Rudi II sich ein Wochenendhaus am
Stadtrand von Wien baute, war Rudi I samt Rosi
mit Rat und Tat dabei. Wenn Rudi II jemanden
brauchte, der mit der Schmuckkollektion über Land
fuhr, so fand sich Rudi I während seines Urlaubs
gern dazu bereit. Und als Rudi II jemanden für sein
Geschäft brauchte, als Bürokraft, sprang die Rosi ein
und war bald unentbehrlich.

Die Menage à trois ließ sich auf das glücklichste
an. Als unser Rudolf sich dem Pensionsalter näherte, war er sich über seine Zukunft völlig im klaren:
gelegentlich Kunden besuchen fahren mit den Juwelen und der Rosi, gelegentlich den Garten pflegen
bei Rudolf II, und einmal im Jahr ein Besuch bei der
ersten Frau und der Tochter in Amerika, denn ein
Freiflug würde ihm zustehen nach den Pensionsbestimmungen der Firma.

Als er sein Pensionsalter erreicht hatte, wurde er
tatsächlich gekündigt. Er hatte es befürchtet, aber im

innersten Herzen doch nicht damit gerechnet. Es war ja zu verstehen: ein Chauffeur wurde nicht mehr gebraucht, weil der Chef selber fuhr, das Gepäck fertigte man auf dem Flughafen ab, und die Auslagen dekorierte ein professioneller Arrangeur, modern und ganz ohne „Drahdiwaberln".

Aber er hatte ja noch so viel vor! Damit tröstete er sich selbst, wenn ihn die große Bangigkeit überfiel.

Der Rudolf wurde also nicht mehr gebraucht und ging in Pension.

Vorher aber gab er noch eine Abschiedsparty, da ließ er sich nicht lumpen, im Landhaus seines Freundes Rudolf II. Die Rosi richtete ein feines Büffet, Getränke waren in Fülle und bester Qualität vorbereitet. Alle Kollegen kamen, es war ein rauschendes Fest.

Rudolf strahlte, das heißt, er tat so, als ob er strahlte. In Wahrheit war er von seiner Kündigung bis ins Mark getroffen.

Er hatte seine Firma von Anfang an geliebt, wirklich geliebt, aufopfernd, er hatte für sie getan, was er nur tun konnte, er hätte noch jahrelang viel mehr tun können, aber nein, das wollte niemand, man brauchte ihn nun nicht mehr. Dabei war er doch immer „der Beste" gewesen . . .

Der Rudolf strahlte. Und die Kollegen, die sehr wohl wußten, wie ihm ums Herz war, die strahlten ebenfalls. Man sprach heuchlerisch davon, wie schön er es in Zukunft haben würde, die Wohnung in der Stadt, das Häuschen am Land, das doch so gut wie ihm gehörte, ein Freiflug pro Jahr — und der Rudolf lachte und lachte. Und als ihm die Kollegen ein Liedchen sangen und seine Laufbahn, die vergangene und die künftige, in Versen feierten, da lachte er so unbändig, daß ihm die Tränen kamen.

Dann war die Feier zu Ende. Er hat uns bis zur Gartentür begleitet zur Verabschiedung. Mich hat er noch einmal zurückgerufen, um mir den Stoff zu zeigen, Goldbrokat, den er gekauft hatte für die Rosi als Weihnachtsgeschenk — dabei war erst Sommer. Wir haben ihm noch eine gute Reise gewünscht für den Flug nach Amerika.

Dann ist er nach Kalifornien geflogen.

Drüben hat er noch seiner Frau und seiner Tochter erzählt von „seinem" Haus auf dem Land (in seinen Erzählungen ist es vermutlich zu einer prächtigen Villa geworden), und von seiner wundervollen Eigentumswohnung, und wahrscheinlich auch von seinem Schmuck und sonstigen Schätzen.

Dann hat er einen Herzanfall bekommen. Er hat ins Krankenhaus müssen. Und obwohl man ihm strengste Bettruhe verordnet hatte, ist er doch aufgestanden, wahrscheinlich hat er „Schmäh" geführt und sich aufgespielt vor seinen Zimmergenossen — „Rudolf ist der Beste" — dann kam ein neuer Anfall und es war aus mit dem Rudl.

Sie haben ihn nach Wien überführt. In einem überdimensionalen Sarg ist er gekommen, wie es halt Vorschrift ist, doppelt versiegelt und einbalsamiert, mit dem Flugzeug. Die Kosten für das Krankenhaus und den Heimtransport hat die Rosi tragen müssen. Und die Tochter hat sehr energisch ihren Anteil an der Erbschaft beansprucht. Wo doch der Rudi überall so gern herumerzählt hat, was er alles hat und was ihm alles gehört.

Wir haben ihm die letzte Ehre gegeben. Draußen am „Zentral". Gar nicht weit vom Flughafen entfernt. So oft ist er mit einem VIP im Fond am Friedhofstor vorbeigefahren, und sicher wird er ihm auch erzählt haben vom Zentralfriedhof, von den Ehrengräbern und was er halt sonst noch gewußt hat, alles für einen „Eprischiëterer".

NASCHMARKT IM ADVENT

Am Naschmarkt gibt es einen Standler, der erstklassige Ware führt, immer nur zwei, drei Artikel, nicht mehr — wo gibt es sonst noch so schöne goldene Äpfel oder im Spätsommer so ausgesucht große, fleischige grüne Paprika, auf einen appetitlichen Berg aufgeschichtet, und überaus preiswert? — und trotzdem kaufe ich nicht gerne bei ihm ein.

Er ist zwar sehr freundlich, überfreundlich beinahe, aber er übertreibt das „Darf's ein bisserl mehr sein": Verlange ich ein Kilo Äpfel, werden bestimmt zwei draus, will ich Paprika, wirft er mir mit Schwung zwanzig in die Tasche, und noch einen als Draufgabe „weil S' so liab san!"

Bei seinen Verkaufstricks hart zu bleiben und „nein!" zu sagen, bringe ich nicht fertig, daher mache ich lieber einen Bogen um seinen Stand.

Neulich, das Thermometer zeigte bereits Minusgrade, bei den Blumenständen baumelten schon die Adventkränze, die Zeit der grünen Paprika war vorbei und der Standler hatte einen kunstvollen Orangenberg aufgebaut, kam ein alter Mann vorüber.

Klein und schon ein wenig eingeschrumpft, den abgetragenen Mantel ordentlich ausgebürstet, die Schuhe geputzt, wie es sich gehörte, wollene Ohrenschützer unter dem Hut. Er trug eine Aktentasche in der Hand und ging das Wenige einkaufen, was ihm seine kleine Rente gestattete.

Und gerade, als er vorbeiging, kam der Orangenberg ins Rutschen, und ein paar Früchte fielen zu Boden.

Der kleine Mann erschrak, dann bückte er sich eifrig und hob die schönen Orangen auf. Sorgsam, andächtig, er wischte sie an seinem Mantelärmel ab und legte sie vorsichtig auf den Früchteberg zurück.

„Willst dir's net g'halten, Papschi?" sagte der Standler.

Da erschrak der alte Mann noch einmal. „Dank schön!" sagte er, steckte die Orangen schnell in die Aktentasche, dankbar und ein bißchen verschämt. Und sein Nasentröpferl läutete fröhlich dazu.

Ich gehe jetzt wieder öfter dorthin einkaufen.

MUSS ES DENN IMMER DIE
MARIAHILFERSTRASSE SEIN?

An einem der „Langen Samstage" hatte mich der Zufall in die Schönbrunnerstraße verschlagen.

Die Mariahilferstraße war das reinste Inferno, als ob man dort etwas geschenkt bekäme!

Die Schönbrunnerstraße hingegen war wie ausgestorben. Ich wollte mir noch ein bißchen Weihnachtspapier besorgen. Dazu bot sich ein kleines Papiergeschäft an. Vom Weihnachtstrubel war dort nichts zu spüren.

Ein kleines Mädchen fragte mich nach meinen Wünschen. (Ein bißchen erinnerte sie mich an Friedrich Holländers „Lieder eines armen Mädchens".) Sie legte mir eine Kollektion Weihnachtspapier vor, und während ich darin wühlte, erschien der Vater und stand verbindlich lächelnd daneben.

Die Kleine war im Nebenraum verschwunden, der Vater hatte sie mit autoritärem Blick dorthin geschickt, man hörte sie leise und zaghaft hantieren, und plötzlich ertönten von nebenan, von einem Tonband, Weihnachtslieder.

Was für ein rührender Versuch kleiner Geschäftsleute, es den großen Kaufleuten gleichzutun.

Man muß sich das nur vorstellen: jedes Mal, wenn jemand den Laden betritt, fragt der eine nach dessen Begehr, und der andere bedient inzwischen heimlich das Tonband und versucht, die Weihnachtsstimmung in Gang zu bringen!

Für mich hat es in dem kleinen Geschäft sehr geweihnachtet. So sehr, daß ich weit mehr kaufte, als ich vorhatte: Wickelpapier, und Goldbänder dazu, und Karbonpapier, und Klopapier, weil mir gar nichts mehr einfiel, was ich denen Gutes tun konnte. Der Papierhändler strahlte, wickelte meine Einkäufe umständlich und säuberlich ein und hätte mich am liebsten auf Händen aus dem Geschäft getragen.

Er öffnete mir die Tür mit einer tiefen Verbeugung.

Und hinter mir spielte das Tonband „O du fröhliche . . .“

MARIONETTENTHEATER

Als ich ein Kind war, gab es auf der Hauptstraße ein „Pimperltheater", in der Nähe des Hernalser Sportplatzes. Offenbar war meiner Mutter, der mein sozialer Aufstieg so sehr am Herzen lag, das Publikum oder auch der Spielplan nicht gut genug, das Pimperltheater habe ich jedenfalls nie besuchen dürfen. Meine erste Begegnung mit Marionetten fand in einem gepflegteren Rahmen statt. Teschners „Figurenspiegel" durfte ich mir ansehen. Ich muß damals im Vorschulalter gewesen sein und weiß nicht mehr, wo die Vorstellung stattfand, ich glaube beinahe, in einem Großkaufhaus um die Weihnachtszeit, und ich weiß auch nicht mehr, was gespielt wurde, es wird wohl das „Weihnachtsspiel" gewesen sein. In meiner Erinnerung ist nur etwas Rundes, Goldenes, Geheimnisvolles geblieben, und eine zarte Musik. Viele, sehr viele Jahre später, Teschner war schon lange tot, habe ich eine Vorstellung des „Figurenspiegels" gesehen, in der „Theatersammlung" in der Hofburg. Damals spielten Teschners Assistentinnen und Schülerinnen; in der Pause wurden ein paar der kost-

156

baren, langgliedrigen Figuren herumgezeigt, man durfte sie sogar angreifen! Damals habe ich erst den Zauber genossen, den ich als Kind nur unbewußt gespürt habe. Wenn Teschners Schülerinnen nicht mehr sind, wird es wohl mit den Vorführungen vorbei sein. Wer könnte denn noch heutzutage mit diesen preziösen, zarten, unendlich komplizierten Marionetten umgehen?

Mein Vater hat mich auch in das weltberühmte Salzburger Marionettentheater geführt. Damals hat mich daran gestört, daß man den kleinen Figuren so große, erwachsene Opernstimmen beigab.

Ein viel wesentlicherer Eindruck von Salzburg war für mich, muß ich gestehen, meine erste Übernachtung in einem Hotel („Zur Traube" hieß es). Im Hotelzimmer gab es ein Waschbecken mit fließendem Kalt- und Warmwasser — für ein Kind, das Fließwasser nur aus der Gangbassena kannte, ein ganz besonderes Erlebnis. Ich war von dem Waschbecken nicht wegzubringen und wurde nicht müde, bald den einen, bald den anderen Hahn aufzudrehen. Da konnten die schönsten Marionetten nicht mithalten.

Auf einem meiner Streifzüge durch Wiens Vororte habe ich vor ein paar Jahren zufällig die Ankündigung eines Marionettentheaters gesehen. Die Kindersehnsucht nach dem „Pimperltheater" wurde wieder wach, und bei nächster Gelegenheit suchte ich es auf, das „Ottakringer Marionettentheater, das älteste und größte in Wien" — so verhieß das Plakat.

Das Theater war nicht schwer zu finden, denn eine Anzahl von Kindern in Begleitung der Eltern und Großeltern strich bereits um den Eingang herum. Offenbar bestand trotz „Am Dam Des" und Fernsehkasperl immer noch ein Bedarf an „lebendigen" Marionetten. An Ort und Stelle war allerlei Wissenswertes zu erfahren: der Spielplan der nächsten Wochen („Froschkönig", „Der kleine Däumling", „Kasperl auf der Zauberalm"), daß die Vorstellungen Samstag und Sonntag um halb drei stattfänden, daß es auch telefonische Kartenbestellung gäbe, und daß es ratsam sei, sich Karten im Vorverkauf zu sichern.

Ich habe mir eine Karte der billigeren Kategorie gekauft, denn ich wollte ganz hinten sitzen, um alles gut überblicken zu können. Endlich war Einlaß, alles strömte ins Lokal.

Ein großer Raum in einem alten, recht renovierungsbedürftigen Haus, etwas nach Moder riechend, vorne die Bühne, fast über die ganze Saalbreite, mit einem leuchtend blauen Vorhang verhüllt, hinten in der Ecke ein großer Eisenofen, an den Wänden Kleiderhaken, wie wir sie seinerzeit im Klassenzimmer hatten. Das Theater faßt ungefähr 130 Personen.

Mein Kaufmannsgeist begann sofort zu rechnen: wenn es ausverkauft ist, bringt das eine Einnahme von etwa 2500 Schilling pro Vorstellung. (Es war aber bei weitem nicht ausverkauft.) Davon müssen Saalmiete, Steuer, Ausstattung, Beheizung und Personal bezahlt werden. Geschäft kann das keines sein, dazu ist viel Idealismus nötig.

Das Spiel beginnt, der Vorhang geht auseinander, die Kinder jubeln, „Dornröschen" nimmt seinen Lauf.

Ich hatte mir ein verstaubtes, schäbiges Pimperltheater erwartet — nichts davon: wunderschöne Dekorationen, tadellose Kostüme, ein vernünftiges Textbuch, oft sogar recht witzig, gesprochen von geschulten Stimmen ohne jeglichen Vorstadtjargon. (Hierher hätte mich meine Mutter seinerzeit sicher gern gehen lassen, ohne daß ich Schaden genommen hätte an Leib und Seele.)

Ich sitze eine Stunde lang und lasse mich verzaubern wie die kleinen Zuschauer.

Immer wieder neue Stimmen sind zu hören. Nach meiner Zählung sind da mindestens sechs Personen hinter der Bühne am Werk. Wie kommen die auf ihre Rechnung?

Die Billeteurin ist nicht mehr zu sehen, die junge, blonde. Ob sie dem Dornröschen ihre Stimme leiht?

Und die Dame an der Kassa ist auch schnell nach hinten gelaufen. Vermutlich ist sie die Gute Fee und muß sich beeilen, um zu ihrem Auftritt zurechtzukommen.

Nur der alte Herr, der auch als Billeteur fungiert hat, wirkt nicht hinter der Bühne mit. Der bleibt und sieht im Zuschauerraum nach dem Rechten. Und als ein kleiner Bub beim Erscheinen der Bösen Fee zu weinen beginnt, fischt er ihn aus der Reihe heraus und beruhigt ihn.

Es sind nicht nur Kinder im Publikum. Vor mir sitzt ein junger Vater, er sieht wie Liliom aus und würde besser auf den Fußballplatz passen, aber er hat seine drei Kinder um sich geschart und sieht andächtig zu.

Ein Ehepaar mit einem Töchterl — sie sind vorhin einem Mercedes entstiegen, alle drei in teure Pelzmäntel gehüllt — auch sie sitzen die ganze Vorstellung ab.

Und eine uralte Frau, sie ist offenbar Stammkundin, geht mühsam am Stock und wird vom Personal liebevoll auf „ihren" Platz geleitet, in der hintersten Reihe.

Sie hat kein Enkelkind mit; sie kommt zu ihrem eigenen Vergnügen her und verfolgt die Vorstellung mit dem einwendigen Lächeln der Blinden.

Unlängst bin ich wieder am Ottakringer Marionettentheater vorbeigekommen. Das Haus sieht immer noch recht baufällig aus. Die Türen und Fenster des Theaters sind frisch gestrichen, in einem saftigen Grün, aber statt des Spielplans hängt ein Zettel „Geschlossen" dran.

Ich habe mich besorgt telefonisch erkundigt, ob das Theater noch existiert. Derzeit sei es geschlossen, hat mir der Besitzer, Herr Ferdinand Glas, gesagt. Im Herbst würde es wieder geöffnet.

Helf Gott, daß wahr is.

KAROLINE TSCHAUNERIN

Wer etwas für Kuriositäten übrig hat, für Dinge, die es gar nicht mehr gibt und die sich in Wien doch auf sonderbare Weise erhalten haben, der fahre hinaus nach Ottakring. Dort kann er an einem warmen Sommerabend um wenig Geld im Freien sitzen, gute Luft atmen und dabei auf höchst vergnügliche Art kulturhistorische Studien betreiben. Die Tschaunerbühne, das letzte Stegreiftheater Wiens, Österreichs, ja vielleicht des ganzen deutschsprachigen Raums, befindet sich in der Maroltingergasse 43.

Inmitten von Wohnblocks eine Planke, ein Tor mit der Aufschrift: „Letztes Wiener Stegreiftheater gegr. 1909.“

Hinter dem Tor ein paar kleine Holzhäuschen für die Kassa und das Büffet, sauber in Gelb, Weiß und Grün gestrichen, und natürlich das Theatergebäude, ebenfalls aus Holz und weiß-gelb gestrichen.

Obstbäume, Gras, rohe Holzbänke ohne Lehne, einem einfachen Heurigen ähnlich. Und wie bei einem Nobelheurigen eine Wagenauffahrt, die sich sehen lassen kann.

Die Karten löst man bei dem kleinen Häuschen links vom Eingang. Numerierte Plätze gibt es nicht, man nimmt entweder „1. Platz" oder „2. Platz", bezahlt den bescheidenen Preis und setzt sich hin.

Das Publikum? Stammgäste vom Bezirk, die jedes Stück im Repertoire kennen und jedes Ensemblemitglied, „bessere" Leute, die sich einmal unter das Volk mischen, eine Anzahl Ausländer darunter, ganze Schulklassen samt Professor, die hier Anschauungsunterricht in Theatergeschichte erhalten sollen, Gäste aus Rußland, sogar ein orientalischer Prinz samt Gefolge, auch viel inländische Prominenz — Frau Tschauners Gästebuch gibt getreulich Auskunft darüber. Kein Zweifel, Tschauner ist „in".

Hier sitzt man also, dicht gedrängt nebeneinander, ohne Ansehen von Stand und Person — Küchenschürze neben Nerzcape —, atmet die gute Luft vom Wilhelminenberg, in den umliegenden Häusern lehnen die Zaungäste an den Fenstern, und alle warten auf den Kunstgenuß.

Es hat sich herumgesprochen, daß hier, beim Tschauner, noch was geboten wird an ursprünglichem, bodenständigem Humor. Und auf die Mundpropaganda ist man ja angewiesen. Werbung zu machen wäre unmöglich, wer sollte das bezahlen? Das Bühnengebäude ist überdacht, die Zuschauer sitzen im Freien. Links neben dem Theatergebäude, in einem kleinen Anbau, sitzt die Klavierspielerin. Mit dem Gesicht zur Bühne gewandt, spielt sie bereits die Ouvertüre. Nun tritt die Prinzipalin, Frau Direktor Karoline Tschauner, vor den Vorhang und begrüßt die Gäste. Sie kündigt eine Benefizvorstellung an, zu Gunsten von Herrn X. Das Stammpublikum applaudiert begeistert. Es scheint sich um einen Publikumsliebling zu handeln.

Benefiz? Heutzutag? In Wien? Das gibt's noch? denkt der Neuling.

Doch schon öffnet sich der Vorhang. Das Spiel kann beginnen. Hier wird aus dem Stegreif gespielt.

Eine Stunde vor der Vorstellung ist Regiebesprechung. Der Regisseur versammelt das Ensemble um sich und erklärt die Handlung: „Du bist der reiche Bauer, und du bist seine Tochter. Du bist verliebt in den armen Lehrer, der Vater ist dagegen . . .“

Auftritte und Abgänge werden festgelegt, eventuell noch einige Schlüsselsätze. Sonst nichts. Alles übrige ist dem Darsteller überlassen. Er muß reden, wie er es sich vorstellt, er muß seine G'spaß machen und die Zuschauer zum Lachen bringen, er darf dem Partner nicht vorzeitig ins Wort fallen und ihn um die Pointe bringen, und alle müssen die ihnen vorher geschilderte Handlung so ausspielen, daß ein Stück von zwei Stunden Dauer zustande kommt.

Das ist verteufelt schwer.

Wiens Journalisten können ein Lied davon singen. Die meinten nämlich, „goschert“, wie Journalisten sind, das könnten sie auch, und darum würden eben einmal sie eine Stegreifvorstellung hinlegen.

Das war, zu ihrer Ehrenrettung sei es gesagt, nicht der einzige Grund. Sie wollten den Tschaunerleuten helfen, wieder auf die Beine zu kommen, und zu diesem guten Zweck Vorstellungen veranstalten. Nachher mußten sie aber ehrlich zugeben, daß sie sich die Sache einfacher vorgestellt hatten. Und daß die Original-Tschauners im Stegreifspielen weitaus besser waren.

Allerdings: Herr Popp und Herr Hübl wären recht gut gewesen, berichtet Frau Direktor Tschauner treuherzig. Aus denen könnte man direkt noch was machen . . .

Frau Karoline besitzt eine richtige Theaterlizenz, eine „beschränkte Theater-Stegreifkonzession", sie muß Steuern bezahlen wie ein anderes Theater und bekommt (allerdings erst seit ein paar Jahren) eine Subvention.

Die ist aber auch bitter nötig.

Gespielt wird von Mai bis September täglich außer Mittwoch. Das Theater faßt etwa 280 Personen. Wenn das Wetter schön ist, und wenn nichts Spannendes im Fernsehen läuft, ist es sogar ausverkauft.

Man spielt hauptsächlich Bauernlustspiele. „Je dümmer der Titel, desto besser!" bekennt die Prinzipalin.

Zugstücke sind „Die Schuastermeisterin hat an

Klamsch", „Die Bürgermeisterin unter der Tuchent", „Der nackerte Adam", auf dem Repertoire standen aber auch Stücke von Anzengruber, Nestroy und, man höre und staune, Operetten. Allerdings alles ohne Originaltext und ohne Musik, nur nach der Originalhandlung. Wenn Musik geboten wird, vor allem als Ouvertüre oder als Zwischenaktmusik, besorgt dies die Klavierspielerin.

Die Ensemblemitglieder haben tagsüber einen bürgerlichen Beruf oder sie hatten ihn und sind jetzt bereits „in der Renten". Angestellte, Arbeiter, Vertreter, die Abend für Abend, bei einer äußerst bescheidenen Gage, hier ihrer Theaterleidenschaft frönen. Manche sind schon vierzig Jahre im Haus und sind meist verwandt mit den Besitzern längst nicht mehr bestehender Stegreifbühnen von anno dazumal. Hier haben sie noch ein Refugium gefunden, das letzte. Aus Liebe zum Theater, oder was eben für sie das Theater ist.

Frau Direktor Tschauner bezahlt die vereinbarte Gage, ob nun zwanzig oder zweihundert Leute drin sitzen. Denn sie hat einen ausgeprägten Sinn für Redlichkeit, genießt im ganzen Bezirk den besten Leumund und will sich absolut nichts nachsagen lassen.

Sie beschäftigt abwechselnd drei Regisseure — für einen allein wäre es zu anstrengend, meint sie. Regisseur sein reißt anscheinend auch beim Stegreifspielen an den Nerven. Ihr ältestes und treuestes Mitglied stammt auch aus einer alten Stegreifspieler-Dynastie. Er ist gesundheitlich nicht mehr in der Lage, selbst zu spielen, aber er läßt es sich nicht nehmen, noch zu inszenieren, denn er hängt halt so an diesem Theater.

Neben den Regisseuren beschäftigt die Frau Direktor noch etwa zwölf Darsteller, zwei Bühnenarbeiter, einen Billeteur und die erwähnte Klavierspielerin, die das Orchester ersetzt. Rechnet man noch den teuren Strompreis, die Steuern und die Pacht für den Grund dazu, kommt sie pro Abend spielend auf ein paar tausend Schilling Unkosten. Sitzen aber statt zweihundert Personen einmal nur zehn drin, verwandeln sich die Unkosten sofort in ein bedrohliches Defizit.

Frau Direktor Tschauner betet also am Beginn jeder Saison um gutes Wetter und um schlechtes Fernsehprogramm. Da die Gagen so klein sind, bekommt jeder Darsteller pro Saison ein „Benefiz". An seinem Benefizabend erhält er einen Schilling pro verkaufter Karte, darf in der Pause in den Reihen des Publikums mit dem Hut absammeln gehen, was ihm bei entsprechender Popularität auch einiges einbringen kann, und bekommt außerdem von der Prinzipalin ein Geldgeschenk als Anerkennung.

Früher war es üblich, am Ende der Spielzeit den Ensemblemitgliedern ein Abschiedsessen zu geben, bei dem jeder essen und trinken durfte nach Herzenslust. Daran hat sie eisern festgehalten, auch wenn die Zeiten nicht so rosig waren. Damals saß man noch gern nach der Vorstellung beisammen, und das Herz tat einem weh, daß man auf neun Monate auseinandergehen sollte.

Das ist jetzt anders geworden. Auch bei den Tschaunerleuten hat die Hektik der modernen Zeit Einzug gehalten. Die meisten haben nachher keine Zeit mehr für ein kollegiales Beisammensein. Und so hat die Frau Direktor die Abschiedstafel in die doppelte Abendgage als Abschiedsgeschenk und Anerkennung umgewandelt.

Und was ist im Winter? In der schrecklichen, der theaterlosen Zeit?

Im Winter betreibt Frau Karoline einen Kostümverleih. Zuerst im Theater selbst, und seit einiger Zeit in einem adretten Gassenlokal in der Koppstraße. Sie verleiht Kostüme für Faschingsveranstaltungen, für Feste und Theateraufführungen, aber auch Brautkleider. Die Kostüme sind erstklassig gehalten, piccksauber und mit Liebe gepflegt. Keine Mottenlöcher, kein Modergeruch, alles frisch gewaschen, gestärkt, gebügelt und geputzt.

Frau Tschauner läßt sich absolut nichts nachsagen. Denn auch hier ist sie auf die Mundpropaganda angewiesen. Eine Anzahl Schauspieler und Kabarettisten, sie weiß klingende Namen zu nennen, borgten sich in ihren Anfängerzeiten die Kostüme bei Tschauner aus.

Mit dem Waschen, Stärken und Bügeln der Kostüme ist die Frau Prinzipalin ganz schön beschäftigt, und so vergeht auch der Winter.

Nun wäre es an der Zeit, daß wir uns mit der Person der Prinzipalin, gleichsam einer Nachfahrin der Karoline Neuberin, mit der sie nicht nur den Vornamen gemeinsam hat, eingehender zu beschäftigen.

Die Lintschi wurde im Wohnwagen geboren.

Der Wohnwagen stand in der Kendlerstraße, neben dem Helfortplatz. Den älteren Wienern wird „der Trappel" noch in Erinnerung sein, den dann ihre Großmutter kaufte. Da war im Sommer ein Toboggan, ein Ringelspiel, Schaukeln, ein Autodrom und „der Künstler", wie man damals zur Stegreifbühne sagte.

Dort heimste die Lintschi als junges Mädchen ihre ersten Schauspielerlorbeeren ein.

Sie kann sich allerdings erinnern, daß ihre Großeltern, als sie noch ein kleines Mädchen war, „Mimik", also Pantomime spielten.

Ein Stück Theatergeschichte mitten unter uns!

Im Winter verwandelte sich der Rummel- in einen Eislaufplatz, Natureis, versteht sich.

So wuchs die kleine Karoline ins Schaustellergeschäft hinein. In jener Zeit gab es noch etliche zwanzig Stegreifbühnen in Wien. Und nicht nur im

Sommer wurde gespielt, auch zur Winterszeit. Da spielte man eben in Gasthaussälen. Man spielte Märchen für die Kinder, Ritterstücke für die Erwachsenen, und vorher immer einen lustigen Sketch, eine Art Clownnummer.

An Publikum hat es nicht gefehlt. Diese Bühnen befanden sich ja in den Vorstädten. Und wer ging schon von Hernals, Ottakring oder der Brigittenau in die „Stadt" ins Theater? Das Kino steckte damals noch in den Kinderschuhen. Wer sich unterhalten wollte, ging eben zum „Künstler". Doch die Zeiten wurden schlecht und immer noch schlechter. Der Tschauner, der seine Stegreifbühne 1909 gegründet hatte, konnte davon ein Lied singen.

Auch er war beim Theater aufgewachsen und ihm verfallen mit Leib und Seele. Er, der selber 700 Theaterstücke verfaßt hatte (natürlich Stegreif), „stand" am Laaerberg, in Meidling, in der Kendlerstraße und in der Brigittenau.

Als ihn die Karoline 1938 kennenlernte, war er gerade auf dem Tiefpunkt angelangt.

Die Menschen konnten für den „Künstler" kein Geld mehr erübrigen. Tschauner war mit seiner Bühne zugrunde gegangen, seine Frau vor lauter Not und Elend aus dem Leben geschieden, Tschauner stand vor dem Nichts.

Die Karoline, geborene Rudolph, hat ihn trotzdem geheiratet und mit ein bissel Kapital und einer ungeheuren Portion Energie die Bühne wieder aufgebaut.

Seit 1957 besteht sie in der heutigen Form in der Maroltingergasse. Frau Tschauner hat sie im wahrsten Sinne des Wortes „aufgebaut", hat sich die Bretter, die ihre Welt bedeuten, selber auf dem Handwagerl hergeführt, die Löcher für die Zaunpfeiler gegraben, sie malt aus und streicht selber, sie kniet auf dem Boden und reibt ihre Bühne, und wenn eine Planke umfällt, dann stellt sie sie selber wieder auf.

Als aber Tschauner im Jahr 1961 starb — während seiner Krankheit konnte er vom Wilhelminenspital aus in sein Etablissement herüberschauen und seiner Frau bei den Vorbereitungen für die Vorstellung zusehen — war es sein Wunsch, in der Nähe seines Theaters begraben zu werden. Und einen zweiten, noch größeren Wunsch hatte er: die Bühne sollte erhalten bleiben.

Frau Karoline nahm das sehr ernst und hat ihm beide Wünsche erfüllt. Obwohl sie oft nicht wußte, wie sie es schaffen sollte. Ein schlechter Sommer, die Krankheit des Mannes, die Begräbniskosten — oft war nicht einmal Geld für das Nötigste da.

Da wurden die Journalisten auf ihre Notlage aufmerksam, und mit ihnen plötzlich ganz Wien. Endlich sah man ein, daß hier ein Kulturdenkmal geschützt werden müßte. Seitdem gibt es eine Subvention.

Große Sprünge lassen sich natürlich damit nicht machen. Aber die Frau Prinzipalin ist das Sparen gewöhnt. Und immer noch, wenn sie die Wahl hat, für sich selber ein Kleid zu kaufen oder ein Kostüm fürs Theater, schafft sie halt doch lieber das Kostüm an.

Bis zu ihrer Wiederverheiratung hat sie sogar im Theater geschlafen. Jetzt hält sie es gerade noch vormittags in ihrer Wohnung aus. Zu Mittag wird sie unruhig, und um zwei Uhr sitzt sie schon wieder im Theater. Wer im Wohnwagen bei den Gauklern geboren wurde, der kann sich in einer bürgerlichen Wohnung nur schwer heimisch fühlen.

DER HOFSCHAUSPIELER

Er hatte mit dem Hofburgtheater nichts zu tun, obwohl er es vermutlich, seinen Jahren nach zu schließen, persönlich noch gekannt hat. Eher war er den Hof- und Straßenmusikanten verwandt, die in der Zeit der Arbeitslosigkeit durch die Stadt zogen und sich ein paar Schilling erbettelten.

Als der Hofschauspieler in Erscheinung trat, war die Arbeitslosigkeit allerdings vorbei, das Dritte Reich hatte seinen Anfang genommen, und die Straßenmusikanten wußten sich einträglichere Beschäftigungen zu finden.

Daß die Not damit noch nicht für alle zu Ende war, beweist der Hofschauspieler.

Er war ein alter Mann, in einen dunklen Radmantel gehüllt, einen Schlapphut auf dem Kopf, den er schwungvoll zu ziehen verstand, ein Striese ohne Truppe und ohne Engagement. Auf der Straße trat er nicht auf, dort gab er seine Kunst nicht preis.

Aber in unseren Hof kam er in regelmäßigen Abständen. Dort nahm er neben den Mistkübeln Aufstellung und begann: „Ein alter, stellungsloser

Schauspieler bittet um Gehör!" Seine Stimme war geschult, das merkte man, sie drang mühelos bis in die letzten Stockwerke der umliegenden Häuser hinauf. Und sein Pathos schrie zum Himmel.

Als er das Gehör der Hausparteien in ausreichendem Maße erreicht hatte und genügend Köpfe an den Fenstern erschienen waren, wie er durch prüfende Blicke feststellte, begann er mit seinem Vortrag.

„Ich spreche Ihnen jetzt den Monolog des Hamlet von Shakespeare!" Und dann fing er an. Auswendig legte er die großen Monologe der Weltliteratur hin neben die Mistkübel, rezitierte Rollen, die er vielleicht in besseren Tagen auf der Bühne gepielt hatte. Nie blieb er hängen, das Gedächtnis funktionierte noch genauso wie die Stimme, die er bis zum Donnergrollen anschwellen lassen konnte.

Nur wenn ein paar Münzen, in Papier gewickelt, geflogen kamen, unterbrach er seinen Vortrag, zog den Hut, schwenkte ihn mit Grandezza und sagte mit dem gleichen Pathos, mit dem er die Monologe sprach: „Ich danke!", wobei er sich würdevoll verbeugte. Dann setzte er seinen Vortrag fort.

Seine Würde hat er nie verloren. Er kam sich nicht wie ein Bettler vor, er bot ja eine Leistung, auf die war er stolz.

Es war unsagbar komisch und gleichzeitig unendlich traurig. Ich zählte zu seinem Stammpublikum und war vom Fenster nicht wegzubringen, solange er rezitierte. Wäre ich älter und reifer gewesen, hätte ich wahrscheinlich versucht, mit ihm ins Gespräch zu kommen und etwas von seinem Schicksal zu erfahren.

Damals habe ich mich das nicht getraut und mich mit meinem Fensterplatz begnügt.

Eines Tages blieb er aus und ist nicht mehr aufgetaucht.

Woher er kam und wohin er ging, habe ich nie erfahren.

EIN GLÜCKLICHER MENSCH

Jedesmal, wenn von einem glücklichen Menschen
die Rede ist, muß ich an Frau Hruby denken.

Als ich sie kennenlernte, war sie nicht mehr jung,
so an die sechzig vielleicht, aber laufen konnte sie
noch wie ein Wiesel. Auch ihre Augen waren wie-
selflink, alles erfaßten sie im Nu. Sie war klein von
Wuchs, aber ihre Stimme war gewaltig. Wenn sie ihren Morgengruß schmetterte, manchmal schon um
sechs Uhr früh, hob es die Leute im Haus aus den
Betten.

Gekleidet war die Hruby immer einfach, hauptsächlich der Arbeit wegen, ihr Gewand war nicht
neu, aber immer sauber gewaschen, ein bißchen
nach einer Hausmeisterin hat sie ausgeschaut, einer
von früher, als eine Hausmeisterin noch eine Hausmeisterin war. Sie hat aber einen viel merkwürdige-
ren Beruf gehabt — für sie war er beinahe eine Berufung: sie war Ballaufklauberin auf einem Tennisplatz.

Dazu wird man nicht geboren. Frau Hruby war
früher sicher etwas anderes, vielleicht Weißnäherin,

oder Verkäuferin in einem Greißlergeschäft, ich habe sie nie danach gefragt.

Ihrem Bezirk, dem siebenten, ist sie immer treu geblieben, in dem Grätzl, wo sie geboren wurde, hat sie auch ihr Leben verbracht. Den Tennisplatz in der Neustiftgasse hat es schon gegeben, als sie noch ein Kind war. Dort haben die reichen Leute im Sommer Tennis gespielt — die armen haben noch gar nicht gewußt, was das ist —, und im Winter, als ein Winter noch ein Winter war, wurde Schlittschuh gelaufen. In der Nacht mußte aufgespritzt werden, in der Früh war das Wasser gefroren, und der Spaß konnte beginnen. Am Nachmittag durften die Kinder schleifen, abends die Erwachsenen. Am Haus oben, auf dem hölzernen Balkon, hat oft die Musik zum Eistanzen aufgespielt.

Dort ist die Frau Hruby aufgewachsen. Sie hat sich nie vermessen, selber eislaufen zu wollen. Aber sie hat mitgeholfen, den Platz in Ordnung zu halten, gleich nach der Schule, und hat auch die Hausherrntochter, die reiche Fräuln Melly, bedient mit viel Eifer und ganz ohne Neid. Die Melly war eben oben und sie war unten, das war schließlich ganz in Ordnung.

Und viele Jahre später, als die Hruby schon „in der Renten" war und mit dem Ballaufklauben begonnen hatte, weil die Buben, die früher geklaubt hatten, ausblieben — denen war die Arbeit plötzlich

zu anstrengend und das Geld zu wenig —, als nun
die Hruby mit dem Klauben anfing, weil ein Tennisplatz ohne Ballaufklauber ja doch nicht das Richtige ist, da war die reiche Fräuln Melly alt und zum
Fürchten häßlich. Aber für die Hruby war sie noch
immer die Hausherrntochter, und sie hat sie bedient
wie früher und hat immer noch „Küß die Hand,
Fräuln Melly" zu ihr gesagt.

Dabei ist sie gar nicht so sehr an den Hausherrn-
leuten gehangen, viel mehr an dem Platz. Und als
die Melly gestorben ist, hat die Frau Hruby weiter-
gewurschtelt und drauf geschaut, daß alles in Ordnung ist.

Im Sommer nur; denn mit dem Natureis war es ja
längst nichts mehr, seit die Winter immer wärmer
wurden.

Es war ja auch ein schöner Platz. Still, ohne Stra-
ßenlärm, nur Vogelgezwitscher, ein paar Katzen haben miaut, einen alten Akazienbaum hat es gegeben,
Fliederbüsche, Rosenstöcke und ein ebenerdiges
Gartenhaus, umrankt von wildem Wein, darin waren die Garderoben untergebracht.

Und zwei Tennisplätze.

Um sechs Uhr früh war die Frau Hruby schon
auf dem Posten, hat den Platz hergerichtet, gespritzt, die weißen Linien gezogen und mit dem
Ballaufheben begonnen. Bis zu Mittag. Den Nachmittag hat sie sich freigegeben. Sie hat ja ihren Haus-

halt gehabt, der wollte auch versorgt sein. Und einmal im Monat war sie auch am Vormittag nicht da, wenn der Briefträger gekommen ist mit ihrer Rente.

Aber sie hat nicht nur die Bälle aufgeklaubt, wie man halt Bälle aufklaubt. O nein! Sie hat die Spielregeln genau gekannt und gewußt, wem sie jetzt den Ball zuwerfen muß, sie hat mitgezählt, ja direkt mitgelebt, und manchmal hat sie sogar „Bravo!" gerufen bei einem besonders geglückten Schlag. Mit allem schuldigen Respekt; ihre dienende Stellung hätte sie nie vergessen, nie!

Kaum ist ein Tennisspieler aufgetaucht, hat sie ihm ihren Morgengruß entgegengerufen, daß die Fensterscheiben klirrten: „Guten Morgen, Frau Kommerzialrat! Guten Morgen, Herr Professor!" Die Titel waren nämlich ihre höchste Freude, an ihnen wuchs sie selber.

Dann rannte sie den Ankömmlingen entgegen, ließ ihre Arbeit liegen und stehen, mit der sie gerade beschäftigt war, ob sie nun das Netz spannte oder die Schildkröte fütterte, die im Gras hauste, sie rannte ihnen entgegen, riß ihnen Bälle und Racket aus den Händen, um alles zum Bankerl zu tragen. Weil sich das so gehört. Den gleichen Respekt brachte sie dem Trainer entgegen, denn der Trainer ist ja quasi der Herr vom Platz. Nur das Racket riß sie ihm nicht aus der Hand, das mußte er selber tragen. Wenn die Saison nach der langen tennislosen Winterzeit wieder begann, fiel die Begrüßung besonders herzlich aus. Sie schüttelte den Spielern voller Freude die Hand und sagte immer wieder, wie schön es sei, daß sie gesund über den Winter und auf den Platz gekommen seien. Sie war stolz auf ihren Beruf und wollte keinen anderen haben. Und daß sie besser war als alle Ballbuben zusammen, das wußte sie. In ihrem Beruf war sie glücklich, das sah ein Blinder.

Wie aber war es um ihr Privatleben bestellt?

Nun wäre es an der Zeit, Herrn Hruby vorzustellen.

Er war das Gegenteil von seiner Frau: groß, langsam, schwerfällig, aber ein fescher Mann, ein stattlicher, ein Mann, der was vorstellt. Auf den Beinen war er ein bißchen schlecht beisammen, und schwerhörig war er, aber sie hat ja zum Glück eine laute Stimme gehabt. Sonst war er noch sehr rüstig, und Humor hatte er auch. Wenn ihn seine kleine Frau herumkommandierte, lachte er nur oder er stellte sich taub. Der Franzi war schon in Pension und trug bei der Arbeit am Platz seine blauen Overalls auf, die er von seinem Berufsleben her noch besaß. Die Beschäftigung auf dem Tennisplatz hatte ihm Frau Hruby verordnet, damit er Bewegung machte und in der guten Luft war.

Hüpfte einmal ein Ball dorthin, wo er gerade gemächlich das Laub zusammenkehrte, fiel ihm das von selbst nicht auf. Da genügte ein scharfer Pfiff von ihr, schon bückte er sich folgsam und warf ihr den Ball zu.

Wie sie, die Frau Hruby, mit dem Vornamen hieß, weiß ich bis heute nicht, denn der Franzi nannte seine Frau immer nur „Frau Hruby", und dabei zwinkerte er pfiffig mit den Augen. Mir scheint, daß die beiden immer noch viel Spaß miteinander hatten. Was kann man von einer alten Ehe mehr verlangen!

Die Hruby hat mit ihrem Hausverstand immer gewußt, daß Tätigkeit wichtig ist für den Gesundheitszustand. Als sie einmal Schmerzen im Knie hatte, wollte sie auf keinen Fall nachgeben, sie schmierte und bandagierte, ließ sich massieren und bestrahlen von der Krankenkassa, aber trotz ihrer Schmerzen ist sie Tag für Tag zum Ballaufklauben gehumpelt. Und nach einigen schmerzhaften Wochen konnte sie wieder laufen wie ein Wiesel.

Am Sonntag mußte man sich die Bälle selbst aufheben, da arbeitete das Ehepaar Hruby nicht. Der Sonntag gehörte der Erholung. Da machten sie meist einen Ausflug.

„Eine herrliche Gegend, wildromantisch, mit Felsen und mit an Wasserfall! Und die Aussicht, gnä Frau, die Aussicht! So eine Pracht haben Sie überhaupt noch nicht gesehen! Dort müssen S' einmal hin, das dürfen S' nicht versäumen!"

Dabei waren die beiden nicht im Gesäuse, nicht

am Matterhorn, nicht einmal auf der Rax gewesen. Es war ein ganz gewöhnlicher Ausflug in den Wienerwald, aber die Frau Hruby sah eben alles mit anderen Augen. Die Natur war ihr „ein und alles", wie sie bekannte. Wenn sie ihre Naturerlebnisse schilderte, wollte man am liebsten alles liegen- und stehenlassen und hinfahren.

Aber Frau Hruby hatte auch ein Herz für die Kunst.

Seit ihrem zehnten Lebensjahr spielte sie Zither. Mit Hingabe, wie alles, was sie tat.

Sie war Mitglied in einem Zitherclub. Einmal in der Woche besuchte sie den Übungsabend, wobei Herr Hruby als Kassier fungierte. Das hatte sie arrangiert: ein Mann muß eine Beschäftigung haben, wer rastet, der rostet, und wer will schon einen rostigen Mann!

Einmal im Jahr gab es ein großes Konzert. Frau Hruby spielte die Erste Stimme, aber mehr im Hintergrund, weil in der ersten Reihe die „schönen jungen Madeln" sitzen mußten, wie Frau Hruby neidlos erzählte, die spielten Mandoline und Akkordeon. Wenn sie nicht schon so alt wäre, täte sie selber gern Akkordeon lernen, gestand sie mir.

„Gnä Frau! Gnä Frau! Gestern war ich im Theater!" kam sie mir einmal ganz aufgeregt entgegen. „Im Volkstheater. ‚Die Räuber'. Ein schönes Stückel! Kennen Sie's vielleicht?"

Eine Antwort hat sie gar nicht abgewartet, sie war noch ganz bei den „Räubern" vom Vortag.

„Alsdern, gnä Frau, i bin no ganz weg! Schlechte Menschen gibt's auf der Welt! Wie ein Mensch so niederträchtig sein kann wie der Franz! I hab mi so aufgeregt — aber am ärgsten bin i erschrocken, wie der alte Vater von unten auftaucht. I hab glaubt, mir bleibt das Herz stehen!"

Frau Hruby schwelgte in der Erinnerung.

„Und der Karl, so ein fescher Mensch . . . Aber eins hätt er nicht machen dürfen: das mit der Amalie. Nein, das hätt er nicht machen dürfen . . ."

Friedrich Schiller hätte seine Freude gehabt an Frau Hruby.

Ob das ihr erster Theaterbesuch gewesen sei, wollte ich wissen. Da hat sie mich groß angeschaut.

„Aber woher denn! I bin ja in jeder Premiere im Volkstheater, wo mei Mann doch dreißig Jahr dort Beleuchter war!"

Eines Tages wurde Herr Hruby krank und mußte ins Spital.

Sie kam natürlich weiterhin regelmäßig auf den Platz zum Ballaufklauben und Ordnung machen. Das war für sie jetzt die einzige Zerstreuung. Außerdem mußte sie ihrem Mann immer erzählen bei ihrem Spitalbesuch, was es Neues gab auf dem Platz, wer gut gespielt hatte und wer gerade auf Urlaub war.

Und dann ist er gestorben, der Franzi.

Jeder, der Frau Hruby kannte, hätte gedacht, daß sie jetzt erst recht sich der Arbeit hingeben würde, wegen der Abwechslung und auch ihrem Seligen zuliebe, der ja so gehängt ist an dem Platz.

Aber seit der Franzi tot war, hat sie sich nicht mehr dort blicken lassen. Sie ist dem Platz nicht einmal in die Nähe gegangen.

Niemand konnte sagen, warum.

Sie hat eben alles *ganz* gemacht, die Frau Hruby, mit Hingabe: das Ballaufklauben, die Auflüge, das Zitherspielen, die Theaterbesuche. Vielleicht war es auch mit der Liebe so. Und mit der Trauer.

Als die Saison vorbei war, hat sich der Besitzer entschlossen, den schönen Tennisplatz aufzugeben und statt dessen ein Appartementhaus zu bauen.

Die guten Geister hatten den Platz verlassen, und nun ging es mit ihm zu Ende.

POSTSKRIPTUM ZU
„ZIMMER, KUCHL, KABINETT"

Nach langer Zeit war ich wieder einmal draußen in Hernals. Das Fernsehen wollte es.

Wir, die Fernsehleute und ich, wußten zuerst nicht recht, welchen Hintergrund wir für die vier Minuten Lesezeit, die uns der ORF gestattete, wählen sollten.

Nach einer kurzen Rundfahrt durch das halb verschneite, halb aufgetaute Hernals entschieden wir uns für das 160er-Haus.

Mein Geburtshaus.

Das Hermanus-Häuschen, des Hofphotographen Werkstatt, steht noch immer. Sein Weiß-Grün ist verblichen.

Weiß-Grün? In meiner Erinnerung ist es grün! Vielleicht hat man es in der Zwischenzeit frisch gestrichen.

Es steht noch. Was oder wen es beherbergt? Vermutlich nur mehr Gerümpel.

Und davor, in diesem etwas heruntergekommenen Hof, wollen wir unsere Aufnahme machen.

Der Hausherr erscheint und bietet uns seine Hilfe an. Als der Kameramann um einen Steckkontakt bittet für seine Scheinwerfer, wird er ihm freudig gewährt.

Während die ORF-Mannen am Werke sind und die Szene ausleuchten, tauchen ein paar alte Frauen auf, rein zufällig, wenigstens tun sie so, und sie halten den Schlüssel in der Hand, als wollten sie gerade...

„Mein Gott, die Trude!" sagt eine.

Ich kann mich an ihr Gesicht erinnern, aber wie heißt sie nur?

Sie hätte noch meine Schaukel, strahlt eine andere.

Die Schaukel, auf der ich meine Tagträume hatte, die gibt es also noch . . .

Ich muß nachher die Namenstafeln im Hausflur heimlich lesen, bestimmt fallen mir dann die Namen zu den Gesichtern ein. Schiller, Groll, August, Wintersberger, Engelmeier . . . ?

Manches fällt mir ein, während der Tontechniker mir das Mikrophon in den Mantel fädelt und ich versuche, mir zurechtzulegen, was ich eigentlich lesen soll aus meinem Buch, vor dem Prospekt des Hermanus, der mich damals mit meinem ehrfürchtigen Staunen im Gesicht an derselben Stelle auf dem geliehenen und heiß ersehnten Dreirad „abbildelte"!

Es sieht ein bißchen desolat hier aus, obwohl die

Hausmeisterin, davon bin ich überzeugt, strikten Befehl hatte, alles schön in Ordnung zu bringen, falls „die vom Fernsehen" kämen. (Ich hatte telephonisch vorgewarnt.)

Daß „die vom Fernsehen" die schöne Ordnung gar nicht so besonders schätzten, konnte niemand ahnen.

Ob dieses Haus wohl bald abgerissen würde, fragt mich lüstern der Tontechniker. (Die vom Fernsehen lieben die makabre Atmosphäre!)

Als Antwort darauf marschieren ein paar Handwerker ein, tragen Metallröhren in den Stock hinauf.

Dort läßt sich nämlich ein neuer Mieter eine Etagenheizung bauen.

Abgerissen wird nicht.

Hier wird aufgebaut.

Der Gedanke wärmt mich. Das ist gut so, denn bei unserer nächsten Aufnahme, auf der Alszeile, wird es empfindlich kalt. Ich muß auf einem Bankerl sitzen, das noch vor kurzem mit Schnee bedeckt war. Mich friert am Rücken und in den Zehen.

Nicht im Herzen, denn da bin ich noch immer im 160er-Haus, dem alten, schäbigen, geliebten.

Und dorthin gehe ich nachher „auf Besuch".

Die Nachfahren des Eipeldauer-Bäck haben mich eingeladen.

Das Geschäft führt jetzt die Hansi, eine Nichte, die ich noch kennengelernt habe, als sie als Kind ins Haus kam, um das Gewerbe zu erlernen und eventuell die Nachfolge der kinderlosen Eipeldauer anzutreten.

Der Tisch ist schon liebevoll gedeckt, es türmen sich die köstlichsten Salzstangerln und Semmeln — handgewirkte natürlich —, und in einem Körberl versteckt als Überraschung für mich: Bosniaken!

Dazu gibts einen guten, echten, ehrlichen Wein, aus Enzersdorf, der Heimat des „zuwi"geheirateten Bäckermeisters.

Und gut und ehrlich wird auch das Gespräch, und sehr gemütlich, in dem Zimmer, das gleich neben dem Geschäft liegt.

Jetzt ist noch Mittagssperre, aber bald kommt die Ladnerin und wird mir vorgestellt, und dann auch eine junge Jugoslawin, sie gibt mir treuherzig die Hand, die schneekalte, und als sie an die Arbeit gegangen und außer Hörweite ist, versichern mir die Herrenleute, das sei eine wahre Perle.

Wir kommen ins Plauschen.

Von den Geschäftsleuten von früher.

Die Dorfinger hat zugesperrt, die Breite ist gestorben, er ist ja schon lange tot. Das Astoriakino ist ein Supermarkt, ja, ich weiß, den Wachuda gibt es noch immer, sogar größer als früher, ja, ich hab's gesehen.

Und wir reden von den Hausbewohnern von damals, wer aller schon gestorben ist, und woran, und auch von mir, die ich in der Erinnerung so vieler als brave, kleine, rundliche Trude weiterlebe.

Dann kommt eine Frau dazu, die ich noch von früher kenne, ihr Mann ist vor kurzem verstorben, beim Begräbnis meiner Mutter war er noch dabei.

Die Hausherrenleute nennen sie die „Schiller-Mami", und wenn in der Bäckerei eine Maschine gestreikt hat, dann hat man den Schiller-Papa geholt, der hat sie angeschaut und wieder in Gang gebracht.

Der „Groll-Bacsi" ist neulich ausgezogen, ja, an den kann ich mich noch erinnern, es tut ihnen allen leid um ihn.

Und sie erzählen, wie sie manchmal im Sommer im ersten Stock, dort, wo die Blattpflanzen stehen, alle Türen aufmachen, und die Frauen sitzen am Gang beim Fenster und plaudern und stricken dabei.

Im zweiten Stock sind sie oft neidisch auf das gute Einvernehmen im ersten Stock, und sie versuchen, es nachzumachen.

Wenn einer auf Urlaub ist, gießt ein anderer die Blumen und hat die Schlüssel zur Wohnung und schaut beim Fenster hinaus, damit die Gauner glauben, es ist eh wer zu Hause — und der Urlauber ist beruhigt in seinem Urlaub, denn er weiß, jemand schaut auf seine Wohnung.

Die neuen Mieter? Die Schiller-Mami stöhnt zwar

über den Schmutz, den der Umbau verursacht. Zum Trost haben sie ihr ein Flascherl Wein gebracht, die Neuen, sie weiß zwar noch nicht recht, wer da einziehen wird, aber sie ist schon froh, wenn überhaupt wer kommt, wenn wieder wer neben ihr ist.

Ich bin vom 160er-Haus reich beschenkt weggegangen. Nicht nur mit Salzstangerln und Bosniaken, die man mir vorsorglich eingepackt hat — im Tiefkühlfach halten sie sich angeblich eine Woche.

Meine Verbundenheit hält sicher länger.

Den Heimweg wollte ich mit dem H 2 zurücklegen, dem eigenwilligen Genossen meiner jungen Jahre.

Er hat mir natürlich wieder einen Streich gespielt. Ich stand, meine Netzkarte in der Tasche, erwartungsfroh bei der Remise, erspähte ihn schon beim Herausfahren, machte mich genüßlich fertig zum Einsteigen in den leeren Wagen, da sagte der Wagenführer, während er die Vordertüre langsam vor meiner Nase durch Knopfdruck schloß: „Da können S' net einsteigen!"

„Aber da hat man doch immer . . ."

„Da schon seit viele Jahr nimmer! Durt drüben!"

Und er deutete auf die von mir schon seinerzeit so gehaßte Haltestelle des 43ers.

So hätte ich wieder einmal über die Straße sprinten müssen, obwohl der H 2 diesmal ordnungsgemäß aus der Remise gekommen war.

Es fallen ihm halt immer noch neue Varianten ein, um mich zu ärgern.

Ich habe es dann vorgezogen, eine Station zu Fuß zurückzulegen, bis zur Haltestelle „Rosenstein-gasse".

Die heißt wenigstens noch so.

Sonst hat sich viel verändert in Hernals.

Und doch wieder nicht.

Die Salzstangerln sind noch so gut wie früher.

Das kann ich bezeugen.

PPS.: Der Eipeldauer-Bäck ist weg. Dort ist jetzt eine „Schlüsselzentrale" oder ein „Aufsperrdienst", dort wird nichts Duftendes, nichts Eßbares mehr erzeugt. Das ist das Los des Schönen auf der Erde . . .

Aber statt des 43ers und des H 2 gibt es jetzt wieder die Linie 2. Den Zweier-Wagen gab es doch damals schon, als ich noch ein Kind war?

„Alles fließt", sagt ein griechischer Philosoph.

INHALT